Heike Jung

Kinder lernen Tiere aus Feld und Wiese kennen

Ein Arbeitsbuch
mit Steckbriefen,
Sachgeschichten, Rätseln,
Spielen und Bildkarten

Impressum

Titel
Kinder lernen Tiere aus Feld und Wiese kennen
Ein Arbeitsbuch mit Steckbriefen, Sachgeschichten,
Rätseln, Spielen und Bildkarten

Autorin
Heike Jung

Illustrationen
Anke Wilkesmann u.a.

Verlag an der Ruhr
Mülheim an der Ruhr
www.verlagruhr.de

Geeignet für die Altersstufen 4–8

Unser Beitrag zum Umweltschutz
Wir sind seit 2008 ein ÖKOPROFIT®-Betrieb und setzen uns damit aktiv für den Umweltschutz ein. Das ÖKOPROFIT®-Projekt unterstützt Betriebe dabei, die Umwelt durch nachhaltiges Wirtschaften zu entlasten.
Unsere Produkte sind grundsätzlich auf chlorfrei gebleichtes und nach Umweltschutzstandards zertifiziertes Papier gedruckt.

Ihr Beitrag zum Schutz des Urhebers
Das Werk und seine Teile sind urheberrechtlich geschützt. Jede Verwendung in anderen als den gesetzlich zugelassenen Fällen bedarf der vorherigen schriftlichen Einwilligung des Verlages. Im Werk vorhandene Kopiervorlagen dürfen vervielfältigt werden, allerdings nur für jeden Schüler der eigenen Klasse/des eigenen Kurses. Die Weitergabe von Kopiervorlagen oder Kopien an Kollegen, Eltern oder Schüler anderer Klassen/Kurse ist nicht gestattet. Bitte beachten Sie die Informationen unter schulbuchkopie.de.
Der Verlag untersagt ausdrücklich das digitale Speichern und Zurverfügungstellen dieses Buches oder einzelner Teile davon im Intranet (das gilt auch für Intranets von Schulen und Kindertagesstätten), per E-Mail, Internet oder sonstigen elektronischen Medien. Kein Verleih. Zuwiderhandlungen werden zivil- und strafrechtlich verfolgt.

© **Verlag an der Ruhr 2008**
ISBN 978-3-8346-0359-3

Printed in Germany

**Feld- und Wiesentiere –
Fotokarten mit Sachinfos**

Heike Jung
4–8 J., 16 farbige Karteikarten A5 in
praktischer Aufbewahrungsmappe
ISBN 978-3-8346-0433-0
Best.-Nr. 60433

Inhaltsverzeichnis

Vorwort 7

15 Feld- und Wiesentiere
Einführungsgeschichte:
Hecke in Gefahr! 10

Erdkröte 12
Ausmalvorlage/Steckbrief 12
Sachgeschichte 14
Bilderquiz 16
Textquiz 18
Bewegungsgeschichte 19

Feldhase/Wildkaninchen 20
Ausmalvorlage/Steckbrief 20
Sachgeschichte 22
Bilderquiz 24
Textquiz 26
Bewegungsgeschichte 27

Grashüpfer 28
Ausmalvorlage/Steckbrief 28
Sachgeschichte 30
Bilderquiz 32
Textquiz 34
Bewegungsgeschichte 35

Greifvogel (Mäusebussard) 36
Ausmalvorlage/Steckbrief 36
Sachgeschichte 38
Bilderquiz 40
Textquiz 42
Bewegungsgeschichte 43

Hummel (Erdhummel) 44
Ausmalvorlage/Steckbrief 44
Sachgeschichte 46
Bilderquiz 48
Textquiz 50
Bewegungsgeschichte 51

Igel 52
Ausmalvorlage/Steckbrief 52
Sachgeschichte 54
Bilderquiz 56
Textquiz 58
Bewegungsgeschichte 59

Marienkäfer (Siebenpunkt) 60
Ausmalvorlage/Steckbrief 60
Sachgeschichte 62
Bilderquiz 64
Textquiz 66
Bewegungsgeschichte 67

Maulwurf 68
Ausmalvorlage/Steckbrief 68
Sachgeschichte 70
Bilderquiz 72
Textquiz 74
Bewegungsgeschichte 75

Regenwurm 76
Ausmalvorlage/Steckbrief 76
Sachgeschichte 78
Bilderquiz 80
Textquiz 82
Bewegungsgeschichte 83

Schmetterling 84
Ausmalvorlage/Steckbrief 84
Sachgeschichte 86
Bilderquiz 88
Textquiz 90
Bewegungsgeschichte 91

Schnecke (Gehäuseschnecke) 92
Ausmalvorlage/Steckbrief 92
Sachgeschichte 94
Bilderquiz 96
Textquiz 98
Bewegungsgeschichte 99

Spinne 100
Ausmalvorlage/Steckbrief 100
Sachgeschichte 102
Bilderquiz 104
Textquiz 106
Bewegungsgeschichte 107

Inhaltsverzeichnis

Weißstorch **108**

Ausmalvorlage/Steckbrief 108
Sachgeschichte 110
Bilderquiz 112
Textquiz 114
Bewegungsgeschichte 115

Wiesel (Hermelin) **116**

Ausmalvorlage/Steckbrief 116
Sachgeschichte 118
Bilderquiz 120
Textquiz 122
Bewegungsgeschichte 123

Zauneidechse **124**

Ausmalvorlage/Steckbrief 124
Sachgeschichte 126
Bilderquiz 128
Textquiz 130
Bewegungsgeschichte 131

Komm, wir spielen!

Bewegungsspiele 134

1. Die Eidechse wirft ihren Schwanz ab 134
2. Lauft, Häschen, lauft! 134
3. Fang den Grashüpfer! 135
4. Wiesel, Igel Schnecke 135
5. Marienkäfer, nehmt euch in Acht! 136
6. Wer stolpert über mein Spinnennetz? 136
7. Wiesel jagen Kaninchen 137

Versteckspiele 138

1. Igel im Blätterhaufen 138
2. Wo ist mein Partner? 138
3. Tierstation-Ralley 139
4. Kaninchen mümmeln Möhren 140
5. Erdkrötenmännchen sucht Erdkrötenweibchen 141

Sinnesspiele 142

1. Die Schnecke streckt ihre Fühler aus 142
2. Maulwurf auf Beutejagd 142

3. Der lange Wurm 143
4. Was schmeckt denn hier so fein? 143
5. Tanz der Bienen 144

Geschicklichkeitsspiele 145

1. Die Bola-Spinne schwingt ihr Lasso 145
2. Schmetterling saugt Nektar 145
3. Störche suchen Futter 146
4. Fleißige Hummeln 147

Tierratespiele 148

1. Greifvögel auf den Spuren der Feldmäuse ... 148
2. Welches Tier bin ich? 149
3. Tiere gesucht 150
4. Das fühlt sich tierisch an 150
5. Richtig oder falsch 151

Tier-Massagen

Grundlagen 154

Massagen vorbereiten 154
Massagetechniken 154

Massagen zu zweit 155

1. Der Maulwurf lebt 155
2. Der Spaziergang der Schnecken 156
3. Scharfe Krallen 157
4. Regenwürmer im Regen 158

Massagen für Dreier- bis Fünfergruppen 159

1. Auf der Wiese tut sich was 159
2. Der verletzte Storch 160
3. Die Stacheln des Igels 161
4. Du bist eine Blume 162

Anhang

Farbige Bildkarten 163
Biografien 167
Lösungen 168
Literatur- und Internettipps 169

Vorwort

Liebe Leser[1],

seit einigen Jahren organisiere ich Walderlebnisausflüge für Kinder. Dabei spürte ich immer wieder ein **großes Interesse der Kinder an der Lebensweise von Tieren**. Bald merkte ich, dass die Informationen aus Tiersachbüchern und Naturführern bei den Kindern schnell in Vergessenheit geraten, da sie ausschließlich die kognitive Ebene ansprechen. Daher entwickelte ich ein **ganzheitliches Konzept**, um den Kindern auf spielerische und lebendige Weise die Lebensgewohnheiten von Tieren nahezubringen. Die vielfältigen, manchmal nicht ganz einfachen **Sachinformationen erreichen sie dadurch auf eine anschauliche und kindgerechte Art**. Spaß und Lernen werden auf eine ideale Weise verbunden. 2007 erschien mein erstes Buch „Kinder lernen Waldtiere kennen". Das Ihnen vorliegende Buch ist nach dem gleichen Konzept erstellt. Es ist **für alle Kinder im Alter von ca. 4–8 Jahren** geeignet. Sie können es im **Kindergarten**, in der **Grundschule**, in der **Ganztagsbetreuung** oder in **Freizeitgruppen** einsetzen, aber auch in der **Familie**, z.B. bei einem Ausflug in die Natur oder bei einem Kindergeburtstag.

Aufbau des Buches

Zu jedem der insgesamt **15 Tiere** finden Sie einen **Steckbrief**, ein **Ausmalbild** und ein **Farbfoto**, eine **Sachgeschichte mit passendem Quiz** (Textquiz und Bilderquiz), eine **Bewegungsgeschichte** und **Spiele**.
Eine Einleitungsgeschichte motiviert die Kinder, mehr über das Verhalten der Tiere zu erfahren.
Die **Massagen** dienen dem entspannenden Ausklang.

→ Bildkarten

Die Bildkarten eignen sich gut, um das **Interesse der Kinder an den Waldtieren zu wecken**. Sie erzählen dann gerne, was sie schon über das Tier wissen. Wenn Sie die Karten auseinanderschneiden und laminieren, sind sie vor Verschmutzung geschützt. Die Karten können auch als Anregung zur farbigen Gestaltung der Ausmalbilder dienen.

→ Tiersteckbriefe

Die Steckbriefe geben Ihnen einen **schnellen Überblick** über die Lebensgewohnheiten der Tiere. Durch die Gliederung in 14 Stichpunkte ist es auch möglich, gezielt etwas nachzuschlagen. **Ältere Kinder** können die Steckbriefe eventuell schon selber lesen. Zu jedem Tier finden Sie hier auch eine **Ausmalvorlage**. Die Angaben folgen zuverlässigen Quellen. Oft unterscheiden sich jedoch in der Fachliteratur aber Angaben, z.B. bezüglich der vorkommenden Arten. Dies kann daran liegen, dass Arten neu entdeckt werden, aussterben, oder dass unterschiedliche Klassifizierungen zu Grunde gelegt werden. Auch das Verhalten der Tiere ist nicht immer und überall gleich. Tiere halten für uns Menschen immer Überraschungen bereit!

→ Sachgeschichten und Quiz

Die Sachgeschichten **erzählen in kindgemäßer Form von wichtigen Verhaltensweisen** der Tiere. Ich habe die Erfahrung gemacht, dass Kinder, die bereits recht gut lesen können, die Texte auch gerne selber lesen – selbst wenn sie relativ lang sind. Mit Hilfe des Quiz können Sie anschließend überprüfen, welche Informationen bei den Kindern „hängengeblieben" sind. **Die Quiz-Seiten beziehen sich immer auf die Sachgeschichte**, nicht auf den Steckbrief.

Kinder, die schon lesen können, können die Textquiz-Seite selber bearbeiten. Kindern, die noch nicht lesen können, sollten Sie die Geschichte vorlesen und anschließend die Quizfragen mündlich stellen. **Je nach Fähigkeiten der Kinder können Sie dazu das Text- oder das Bilderquiz wählen.** Im Bilderquiz werden die möglichen Antworten in einer Zeichnung dargestellt, die Fragen sind etwas einfacher. Daher kann es auch von den jüngeren Kindern gut durch Ankreuzen der richtigen Zeichnung gelöst werden.

Die Fragen im Textquiz können mehrere richtige Lösungen haben, im Bilderquiz ist jeweils nur eine Antwort richtig. Die **Lösungen** finden Sie im hinteren Teil des Buches, auf S. 168.

---

[1] Aus Gründen der besseren Lesbarkeit haben wir in diesem Buch durchgehend die männliche Form verwendet. Natürlich sind damit auch immer Frauen und Mädchen gemeint, also Lehrerinnen, Schülerinnen etc.

Vorwort

→ Bewegungsgeschichten

In den Bewegungsgeschichten dürfen Sie und die Kinder selbst in die Rolle der Tiere schlüpfen. Dabei ist es wichtig, dass Sie **eindrucksvolle Gestik, Mimik und Sprache** einsetzen. Je mehr Sie selbst in die Rolle des Tieres schlüpfen, desto begeisterter werden die Kinder mitmachen und desto mehr behalten sie von dem Gehörten. Achten Sie darauf, den Text so **langsam vorzutragen**, dass die Kinder mit ihren Bewegungen folgen können. Am besten lernen Sie ihn auswendig oder nehmen ihn auf eine Kassette oder CD auf. So können Sie die Bewegungen gut vormachen. Hilfreich ist es auch, die Bewegungsgeschichten mit einem Helfer durchzuführen, der entweder den Text vorträgt oder die Bewegungen vormacht.

→ Spiele

Fast alle Spiele sind so gestaltet, dass Sie sie sowohl mit **sehr wenigen Teilnehmern**, als auch in **größeren Gruppen** spielen können.
Alle Spiele können im Freien durchgeführt werden, fast alle auch drinnen. Bei den Bewegungsspielen, die naturgemäß etwas Platz erfordern, können Sie auch eine Turnhalle oder einen Gymnastikraum nutzen.
Bei den Spielen gibt es **weder Gewinner noch Verlierer**. Selbsterfahrung und die Freude am gemeinschaftlichen Erleben stehen im Vordergrund.

→ Massagen

Nicht nur Erwachsenen tun Massagen gut. Auch viele Kinder genießen diesen wohltuenden Körperkontakt. Um die Massagen möglichst kindgerecht zu gestalten, habe ich sie **mit Tiergeschichten verbunden**. Das macht den Kindern Spaß, und sie haben weniger Hemmungen, sich zu berühren. Weitere Erläuterungen zur Durchführung finden sich direkt im Massageteil.

Wie ich vorgehe

Möchte ich gezielt den Kindern in meiner Naturgruppe die Lebensweise eines bestimmten Tieres nahebringen, **wähle ich am Ende der vorausgehenden Stunde mit ihnen gemeinsam ein Tier** (z.B. die Schnecke) aus. Beim nächsten Treffen zeige ich ihnen die Schnecken-Bildkarte und wir sprechen über **ihre Erfahrungen** mit dem Tier. Nach dem **Vorlesen der Sachgeschichte** lösen die Kinder je nach Alter mündlich oder schriftlich die **Quizfragen** zur Schnecke. Wer möchte, kann dann eine **Bildvorlage** ausmalen. Nach einem **Feld- und Wiesenspaziergang** und einer Essenspause spielen wir das **Spiel** „Die Schnecke streckt ihre Fühler aus".
Zur Entspannung gibt es noch die **Massage** „Der Spaziergang der Schnecken". Mit der Schnecken-**Bewegungsgeschichte** findet der Ausflug seinen Ausklang.
Die Inhalte des Buches können Sie aber auch **flexibel und unabhängig** voneinander einsetzen. Nicht in jeder Stunde lege ich den Schwerpunkt auf das gezielte Lernen von Tierverhaltensweisen. Gelegentlich stehen auch andere Aktivitäten im Vordergrund, wie z.B. Basteln mit Naturmaterialien oder ein „Höhlenbau". Zur Einstimmung bzw. zum Ausklang der Stunde wähle ich dann ein Spiel, eine Bewegungsgeschichte oder eine Massage aus.
Um mit vorliegendem Buch zu arbeiten, ist es grundsätzlich **nicht erforderlich, sich zusätzliche Tiersachbücher oder Naturführer anzuschaffen**. Wenn Sie dennoch anderes Bildmaterial einsetzen möchten oder weiterführende Informationen suchen, finden Sie in der Literaturliste (S. 169) einige Anregungen. Auch öffentliche Leihbüchereien bieten häufig schöne Tiersachbücher an.

Viel Spaß und eine „tierisch" gute Zeit
wünscht Ihnen
Heike Jung

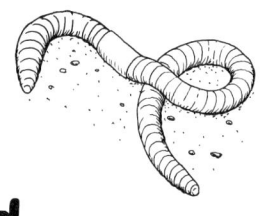

15 Feld- und Wiesentiere

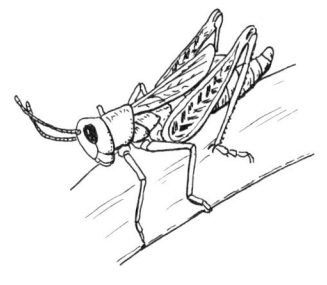

→ Steckbriefe

→ Sachgeschichten

→ Quiz-Seiten

→ Bewegungsgeschichten

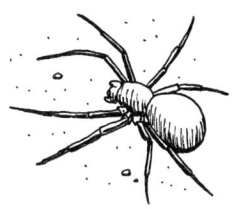

Hecke in Gefahr!

Einführungsgeschichte

Die Nacht ist vorüber. Die Sonne geht gerade auf und scheint auf Wiesen, Felder und Hecken. Es ist noch sehr still. Nur die Vögel sind bereits erwacht und zwitschern ihr Morgenlied. Doch plötzlich wird es sehr laut. Ein großer roter Traktor rumpelt lautstark heran und hält direkt vor der Hecke. „Wer macht hier so einen Lärm früh am Morgen?", ruft der Igel empört, „ich komme gerade von der Jagd und möchte mich ausruhen." Auch andere Tiere sind erwacht. Schmetterlinge, Bienen, Hasen, Schnecken, Eidechsen und Spinnen blicken neugierig auf den Traktor. Ein Mann mit einem blonden Jungen steigt aus. „Das ist Bauer Heckweg mit seinem Sohn Max", flüstert der Hase dem Igel zu. Was die beiden hier nur wollen? Der Bauer und sein Sohn wandern zweimal um die gesamte Hecke herum und unterhalten sich leise. Die Tiere spitzen die Ohren, können jedoch kaum etwas verstehen. Plötzlich ruft der Bauer zu seinem Sohn: „Genau diese Hecke muss weg." Die Tiere trauen ihren Ohren nicht. Die wunderschöne alte Hecke, in der sie leben, soll einfach weg? Das können sie kaum glauben. Mutig fliegt die Singdrossel zu den beiden und zwitschert: „Hören Sie mal, lieber Herr Heckweg, weshalb soll denn die Hecke weg? Sie bietet doch so vielen Tieren Schutz und Nahrung. Ich selbst brüte jedes Jahr hier."
Erstaunt dreht sich der Bauer zur Singdrossel um und antwortet: „Diese Hecke steht genau zwischen meinen beiden Feldern und stört mich bei der Feldarbeit."
In diesem Augenblick kommt eine Zauneidechse angekrochen und mischt sich in das Gespräch ein: „Hecken sind nicht nur für uns Tiere, sondern auch für euch Menschen wichtig. Hecken bremsen nämlich den Wind und die Erde bleibt besser auf den Feldern liegen. Außerdem sonne ich mich hier so gerne." „Sonnen kannst du dich auch woanders", erwidert der Bauer unfreundlich, „komm Max, wir vertrödeln hier nur unsere Zeit." „Äh, ich weiß nicht", antwortet Max zögerlich, „vielleicht haben die Tiere ja recht. In der Schule haben wir auch gelernt, dass Hecken sehr nützlich sind." „Das ist doch alles Unsinn", regt sich der Bauer auf. „Das ist gar kein Unsinn", empört sich Max, „meine Lehrerin hat gesagt, dass viele Tiere die Hecke unbedingt brauchen." Plötzlich läuft Bauer Heckweg auf einen Hasen zu: „Du Langohrkarnickel, du lebst doch in deinem Kaninchenbau und brauchst die Hecke überhaupt nicht." „Ich bin doch ein Feldhase und kein Kaninchen", erwidert der Hase erstaunt, „ich brauche die Hecke, um mich vor Wind und Regen zu schützen, denn wir Hasen graben keinen Bau. Auch vor Feinden wie dem Fuchs oder dem Mäusebussard kann ich mich hier gut verstecken." Als der Mäusebussard seinen Namen hört, kommt er näher herangeflogen. Bauer Heckweg spricht ihn sofort an: „Aber du Mäusebussard, du brauchst sicherlich keine Hecke, denn du jagst die Mäuse auf der Wiese. Das habe ich selbst schon beobachtet." „Das stimmt schon", antwortet der Mäusebussard, „aber meistens sitze ich hier auf einem Ast in der Hecke und spähe nach Beute." Das Gesicht von Bauer Heckweg verfinstert sich. Auf einmal deutet er auf ein hüpfendes Tier mit warziger Haut: „Frösche leben aber im Wasser und nicht in der Hecke, das weiß jedes Kind. Jetzt lasse ich mir nicht von euch weismachen, dass Frösche eine Hecke brauchen", triumphiert der Bauer und packt das Tier mit seinen beiden Händen. Er schaut ihm in die Augen und spricht mit

Hecke in Gefahr!

Einführungsgeschichte

leicht drohender Stimme: „Du Froschschenkel, sag deinen Tierfreunden, dass du keine Hecke brauchst, los, sag es ihnen!" Eingeschüchtert gibt das Tier keinen Laut von sich. „Lass die arme Kröte doch runter", ruft Max empört und versucht, sie den Händen seines Vaters zu entreißen. „Erst soll sie zugeben, dass sie keine Hecke braucht", antwortet der Bauer stur. Plötzlich lässt der Bauer erschrocken die Kröte auf den Boden fallen. Wütend brüllt er: „Pfui Teufel, der Frosch hat in meine Hände gepinkelt, meine ganzen Hände jucken und brennen. Jetzt reicht es mir endgültig mit euch Tiergesindel. Die Hecke kommt weg, das verspreche ich euch." Eilig rennt er zu seinem Traktor, lässt den Motor an und braust davon. Verdutzt schauen ihm Max und die Tiere hinterher. „Weshalb hast du ihn vollgepinkelt?", möchte der Schmetterling von der Kröte wissen. „Ich habe doch nur mein Krötengift aus meiner Haut austreten lassen. Das machen wir Kröten immer, wenn wir uns bedroht fühlen." „Da hat die Kröte schon recht", findet Max, „mein Vater hat sie wirklich nicht nett behandelt. Dass er sie für einen Frosch gehalten hat, ist typisch für ihn. Er hat einfach keine Ahnung von Tieren." „Lieber Max, rette die Hecke für uns", bittet der Hase, „versuche, deinen Vater zu überzeugen, dass wir Tiere sie unbedingt brauchen." Auch die anderen Tiere blicken Max hoffnungsvoll an. Dieser überlegt kurz und meint: „Heute am besten nicht mehr, denn wenn mein Vater wütend ist, dann dauert das eine Weile. Aber morgen wird er sich schon wieder beruhigen. Ich werde mein Bestes tun." Max verabschiedet sich von den Tieren und verspricht, bald wiederzukommen. Die Tage vergehen, doch kein Max ist zu sehen. „Ich glaube nicht mehr, dass er kommt", flüstert die Schnecke traurig einer vorbeikrabbelnden Spinne zu. „Ich auch nicht", antwortet die Spinne und webt lustlos an ihrem Spinnennetz. Auch der Igel macht sich Sorgen und murmelt leise: „Wo soll ich nur meinen Winterschlaf halten und meine Jungen großziehen, wenn wir keine Hecke mehr haben?" „Ring, ring, ring, ring, ring ...", ertönt es plötzlich neben der Hecke. „Hurra, der Max ist da!", zwitschert eine Amsel fröhlich. Aufgeregt krabbeln, fliegen und rennen die Tiere zu ihm. Dieser steigt von seinem Fahrrad und verkündet freudestrahlend: „Die Hecke ist gerettet, aber nur wenn ihr meinem Vater eine Bitte erfüllt." „Sag schon, welche Bitte", quakt die Kröte ungeduldig. Max erklärt: „Alle Tiere von euch, die Fleisch mögen, sollen zukünftig alle schädlichen Insekten auf Papas Feldern fressen. So hat er eine bessere Ernte und braucht keine giftigen Insektenschutzmittel zu spritzen." „Au ja", ruft die Spinne begeistert, „ich bin ein wahrer Insektenvielfraß und werde viele hundert Tierchen vertilgen." „Und ich fresse so gern Blattläuse, da werde ich Tausende von fressen", brummt der Marienkäfer eifrig. Glücklich bedanken sich die Tiere bei dem hilfsbereiten Jungen und gehen mit Feuereifer an ihre Arbeit. Viele Wochen fressen sie die schädlichen Insekten von den Feldern. Bauer Heckweg ist sehr zufrieden. Er hat eine gute Ernte und verspricht, auch in Zukunft die Hecke stehen zu lassen. Max schenkt seinem Vater ein Buch über Wiesen-, Feld- und Heckentiere, damit auch er mehr über deren Leben weiß.

Habt auch ihr Lust, mehr über das Leben dieser Tiere zu erfahren? Dann schaut doch einfach in dieses Buch. Viel Spaß beim Spielen, Raten und Staunen.

Erdkröte

Ausmalvorlage/Steckbrief

Tiergruppe	Amphibie (alle Tiere, die an Land und im Wasser leben)
Systematik	Die Erdkröte ist ein Froschlurch aus der Gattung der Echten Kröten.
Verbreitung	In Deutschland kommt die Erdkröte fast überall vor.
Aussehen/Merkmale	trockene, warzige, grün-braune Haut; Unterseite schmutzigweiß bis grau und dunkel gesprenkelt; Augen rot-golden; hinten am Kopf 2 bohnenförmige Giftdrüsen; Männchen sind kleiner als Weibchen; die Erdkröte bewegt sich eher langsam voran; sie kann zwar wie ein Frosch hüpfen, hält dies aber nicht lange durch
Lebenserwartung	in freier Natur 10–12 Jahre, in Gefangenschaft über 30 Jahre
Lebensraum	Hecken, naturnahe Wälder, Gärten und Parks, am Ufer von Teichen und Flüssen, im Brackwasser der Küsten im Nordseebereich
Nahrung	Würmer, Schnecken, Asseln, Spinnen, Käfer, Raupen
Fressfeinde	Greifvögel, Rabenvögel, Marder, Iltisse, Wiesel, Ringelnattern, Graureiher, Igel, Störche
Verteidigung	Kröten wehren sich durch Gift, das sie absondern. Für Menschen ist es nicht gefährlich.
Sinnesorgane	Erdkröten schnappen nur nach Tieren, die sich bewegen. Reglose Tiere werden von ihnen nicht wahrgenommen.

Erdkröte
Steckbrief

Aktivitätszeit   Erdkröten sind in der Dämmerung und in der Nacht aktiv. Tagsüber ruhen sie unter Steinen, Laub, Gebüschen, Hecken oder in selbst gegrabenen Erdlöchern.

Revierverhalten   gibt es nicht

Überwinterung   Zum Überwintern sucht die Erdkröte einen geschützten, frostsicheren Schlupfwinkel (zum Beispiel Erdloch). Dort verfällt sie in eine Winterstarre.

Nachwuchs

1. Wanderung vom Winterquartier zum Laichgewässer (etwa 500 Meter bis 3 Kilometer): Anfang März, bei ungefähr 10 Grad, kommen die Kröten aus ihrem Winterquartier und machen sich auf den Weg zum Laichgewässer, wo sie Eier legen. Dies ist der Teich oder Tümpel, in dem sie selbst geboren wurden. Die meisten Kröten wandern während der Dunkelheit. Bei Frost unterbrechen die Tiere ihre Wanderung. Sie suchen sich ein Versteck und warten, bis es wieder wärmer wird. Viele Erdkröten werden auf ihren Wanderungen überfahren. An vielen Stellen wurden deshalb zum Schutz Zäune entlang der Straße errichtet. Entweder fallen die Kröten in einen Eimer und werden von Helfern über die Straße getragen. Oder sie gelangen durch einen unterirdischen Tunnel auf die andere Straßenseite. Schon auf dem Weg zum Gewässer klettern einige Männchen auf den Rücken der Weibchen. In dieser „Huckepackstellung" wird das Männchen zum Wasser getragen. Da es häufig viel mehr Männchen als Weibchen gibt, stürzen sich oft mehrere Männchen auf ein Weibchen. Besteigt ein Männchen versehentlich ein anderes Männchen, so macht sich dieses mit Befreiungsrufen („ük, ük, ük") bemerkbar.

2. Ablaichen: Das Weibchen legt den Laich (= Eier mit einer durchsichtigen Gallerthülle) in mehrere Meter langen Schnüren ab. Diese bleiben zwischen den Wasserpflanzen hängen. Das „Huckepack"-Männchen besamt die Eier im Wasser. Sobald der Laichvorgang beendet ist, verlassen die Partner das Wasser und suchen wieder ihren Lebensraum auf.

3. Von der Kaulquappe zur Kröte: Aus dem Laich schlüpfen nach etwa 12–18 Tagen schwarze Kaulquappen. Sie atmen wie Fische durch Kiemen und ernähren sich meist von Algen. Nachdem sich Hinterbeine und Vorderbeine entwickelt haben und sich der Schwanz zurückgebildet hat, gehen sie zu Sommerbeginn als Jungkröten an Land.

Erdkröte

Sachgeschichte

Oh, wie angenehm! Von Minute zu Minute wird mein Körper wärmer und wärmer und ich kann mich wieder selber spüren. Die Außentemperatur ist auf 10 Grad gestiegen, der Winter ist endlich vorüber. Noch ein wenig steif krabble ich aus meinem Erdloch. Draußen ist es dunkel und regnerisch. Langsam laufe ich ein Stückchen im Gras. Plötzlich taucht direkt neben mir ein runzeliger Kopf aus der Erde. Oh, das ist ja Edi, mein langjähriger Krötenfreund. Vom Buddeln leicht außer Atem quakt er leise: „Warte auf mich, Krötl, ich wandere mit dir zu unserem Teich." Jedes Jahr ist es das Gleiche. Zur selben Zeit, im März, erwachen alle Erdkröten aus ihrer Winterstarre und laufen gemeinsam zu dem Gewässer, wo sie geboren wurden. Ich quake fröhlich zurück: „Na klar warte ich auf dich, immerhin kennen wir uns schon seit unserer Geburt!" Langsam und gemütlich watscheln wir auf allen vieren. Zwischendurch vollführen wir auch weite Sprünge, doch schnell wird es uns zu anstrengend und wir legen wieder ein gemächlicheres Tempo ein. Schließlich sind wir ja keine hüpfenden Frösche! „Da vorne kommt die Straße!", rufe ich Edi zu. Welch Glück, dass wir nicht wie früher die Straße überqueren müssen. Das war sehr gefährlich für uns. Damals wurden Kröten häufig von Autos überfahren! Die Menschen haben deshalb für uns einen langen Zaun errichtet. Ah, hier ist er ja schon. Wie jedes Jahr marschieren wir mit vielen anderen Kröten den Zaun entlang. Plumps! „Bist du auch in den Fangeimer gefallen?", frage ich Edi neugierig. „Ja, ich liege direkt unter dir", quakt er mir ins Ohr. Plumps! Eine fette Kröte ist auf meinem Rücken gelandet. Jetzt müsste der Eimer voll sein. Tatsächlich! Unser Eimer wird hochgehoben und über die Straße getragen. „Tschüß, ihr Kröten, macht's gut!", ruft eine Mädchenstimme uns zum Abschied zu. Dann wird der Eimer ausgeleert. Wir purzeln kurz übereinander und hüpfen schnell davon. „Krötl, wir müssen uns am besten jetzt schon ein Weibchen suchen, denn am Teich gibt es immer mehr Männchen als Weibchen", macht mich mein Freund aufmerksam. Ich bedanke mich für den Ratschlag und springe der nächstbesten Erdkröte auf den Rücken. „Ük, ük, ük, pass doch auf", beschwert sich die Kröte, „ich bin doch ein Männchen!" „Oh, Entschuldigung", murmle ich und springe schnell wieder ab. „Schau mal, Krötl, ich hab ein Weibchen gefunden", ruft mir mein Krötenfreund stolz entgegen. Edi hat wirklich Glück! Er sitzt auf dem Rücken eines Weibchens und lässt sich nun „Huckepack" zum Teich tragen. Dort angekommen, versuche auch ich mein Glück. Doch das ist gar nicht so einfach. Massenhaft Männ-

Erdkröte

Sachgeschichte

chen versuchen, auf ein Weibchen zu klettern. Die Ärmste, sie muss aufpassen, dass sie nicht erstickt! Etwas entmutigt schaue ich mich um. Ich traue meinen Augen nicht! Dort hinten, direkt hinter dem Schilf, sitzt noch ein freies Weibchen. Es ist wie alle Weibchen größer als wir Männchen. Blitzschnell springe ich zu ihr, klettere auf ihren Rücken und klammere mich unter ihren Achseln fest. Ein anderes Männchen hat uns entdeckt. Mit Fußtritten versuche ich, ihn zu vertreiben. Hurra, er verschwindet, ich bin Sieger und kann mich nun endlich paaren! Wir gleiten ins Wasser und das Weibchen schwimmt zwischen den Wasserpflanzen herum. Dabei bleiben ihre Eier in meterlangen Schnüren an den Pflanzen hängen. Anschließend lasse ich meinen Samen auf die Eier fallen. Nach einer Stunde legen wir eine Pause ein, dann geht es wieder ins Wasser. Nachdem meine Partnerin Tausende von Eiern gelegt hat, verlassen wir den Teich und trennen uns. Jetzt habe ich ganz schön Hunger bekommen. Ein Regenwurm liegt direkt vor mir. Erst ziehe ich ihn wie eine Spagetti durch meine Finger, um ihn von Dreck zu befreien, dann verschlinge ich ihn. Köstlich! Vor meinem Gesicht summt eine fette Fliege. Aber nicht mehr lange! Ich fahre meine klebrige Zunge aus, die Fliege bleibt kleben und schwupps ist sie in meinem Maul. Auf einmal springt mir von hinten jemand auf den Rücken. Gerade will ich ärgerlich ein „ük, ük" schimpfen, als ich ein Kichern höre. „Edi, runter von mir, ich habe im Moment keine Lust auf Späße!", ermahne ich meinen Freund, „erinnere dich lieber mal, als wir zusammen als Kaulquappen im Wasser herumschwammen. Kannst du dich noch daran erinnern?" „Aber natürlich", antwortet Edi, „wir atmeten mit Kiemen und nagten gerne die Algen von den Steinen. Und einmal spuckte mich ein Fisch sofort wieder aus, weil ich fürchterlich bitter schmeckte. Nach einiger Zeit wuchsen uns erst die Hinterbeine, dann die Vorderbeine und der Schwanz bildete sich immer mehr zurück. Schließlich gingen wir als Kröte an Land und atmeten durch die Lunge." Plötzlich versteckt sich Edi unter einer Laubschicht. Was hat er denn nur? Nun sehe auch ich die Gefahr. Eine junge Katze kommt direkt auf mich zu und schnüffelt an mir herum. „Ich schmecke dir sowieso nicht!", quake ich sie an, „verschwinde lieber!" Dennoch nimmt sie mich in ihr Maul. Zur Verteidigung lasse ich sofort mein Krötengift aus meiner Haut heraustreten. Im hohen Bogen spuckt sie mich wieder aus. Na bitte sehr! Habe ich doch gleich gesagt! Das nächste Mal weiß sie es und lässt mich in Frieden. Der restliche Heimweg verläuft friedlich. Bei meiner Hecke angekommen, verabschiede ich mich von Edi. Spätestens im nächsten März werden wir uns wieder treffen, auf dem Weg zu unserem Geburtsgewässer.

Erdkröte
Bilderquiz

1. Wie verbringt eine Erdkröte den Winter?

a) ☐ Sie verbringt den Winter in einem Erdloch.

b) ☐ Sie schwimmt im Teich, damit es ihr warm wird.

2. Was macht ein Männchen, wenn es ein Weibchen gefunden hat?

a) ☐ Das Männchen springt auf den Rücken des Weibchens.

b) ☐ Das Männchen baut dem Weibchen im Schilf ein Nest.

Erdkröte

Bilderquiz

---

3. Ein Krötenweibchen hat im Wasser seine Eier gelegt. Was schlüpft heraus?

a) ☐ eine Kröte, die sofort an Land geht.

b) ☐ eine Kaulquappe

---

4. Was ist die größte Gefahr für eine Kröte?

a) ☐ dass sie von einem Auto überfahren wird.

b) ☐ dass sie von Katzen aufgefressen wird.

Kinder lernen Tiere aus Feld und Wiese kennen

Erdkröte

Textquiz

1. Woran spürt eine Erdkröte, dass der Winter vorüber ist?

   a) ☐ Es wird wärmer. b) ☐ Es wird heller. c) ☐ Die Blüten duften.

2. Versuchen Menschen, die Kröten zu schützen?

   a) ☐ Ja, es werden Zäune und Fangeimer aufgestellt.
   b) ☐ Ja, die Kröten werden über die Straße getragen.
   c) ☐ Nein, es gibt sowieso viel zu viele Kröten.

3. Wie befreien sich Krötenmännchen, wenn andere Männchen versehentlich auf ihren Rücken steigen?

   a) ☐ mit Fußtritten
   b) ☐ mit Hilfe eines Befreiungsrufes („ük, ük")
   c) ☐ Sie blasen ihre Schallblasen auf und quaken laut.

4. Wie legt ein Erdkrötenweibchen seine Eier (Laich)?

   a) ☐ Es taucht in die Tiefe und legt den Laich am Wassergrund ab.
   b) ☐ Es schwimmt ans Ufer und legt den Laich hinter das Schilf.
   c) ☐ Es schwimmt zwischen Wasserpflanzen, sodass der Laich daran hängenbleibt.

5. Was frisst eine Erdkröte?

   a) ☐ Regenwürmer b) ☐ Kaulquappen c) ☐ Fliegen

6. Kreuze an, was für Kaulquappen richtig ist.

   a) ☐ Sie atmen durch die Lunge und ihre Vorderbeine wachsen zuerst.
   b) ☐ Sie atmen mit den Kiemen und ihre Hinterbeine wachsen zuerst.
   c) ☐ Sie fressen gerne Algen von den Steinen.

7. Wie verteidigt sich eine Erdkröte?

   a) ☐ Sie hüpft ihrem Feind auf den Rücken und kitzelt ihn mit ihrer klebrigen Zunge.
   b) ☐ Sie lässt Krötengift aus ihrer Haut austreten.
   c) ☐ Sie versteckt sich und verfällt in eine Art Winterstarre.

Kinder lernen Tiere aus Feld und Wiese kennen

Erdkröte

Bewegungsgeschichte

Text	Bewegungsvorschläge
Es ist Herbst geworden. Die Blätter fallen von den Bäumen. Die Erdkröte gräbt sich ein Loch und setzt sich hinein. Sie verfällt in eine Winterstarre und bewegt sich nicht mehr.	*mit den Händen wackeln und von oben nach unten führen – graben, in die Hocke gehen – die Arme steif machen*
Im Frühling spürt sie auf einmal Wärme in ihrem Körper. Sie dehnt und räkelt sich und krabbelt aus ihrem Erdloch. Dann wandert sie langsam und gemütlich in Richtung Teich. Zwischendurch springt sie auch wie ein Frosch.	*Arme über den Kopf strecken, dehnen und räkeln – mit den Händen Kletterbewegung nach oben – in der Hockstellung laufen – wie ein Frosch springen*
Als sie am Teich ankommt, wimmelt es schon von Erdkröten. Die Männchen springen auf die Rücken der Weibchen und klammern sich fest. Alle Paare laufen ins Wasser und schwimmen um eine Pflanze herum. Dabei legt das Weibchen Tausende von Eiern.	*paarweise zusammen, „Huckepackstellung" im Stehen – alle Paare laufen mehrmals im Kreis herum (Richtungswechsel wegen Schwindel – „Huckepackstellung" auflösen*
Aus den Eiern schlüpfen die Kaulquappen. Sie flitzen durchs Wasser, in alle Richtungen. Zuerst wachsen die Hinterbeine, nach einiger Zeit auch die Vorderbeine. Damit paddeln sie durch den Teich. Als Kröte gehen sie nun an Land.	*die Hände falten und schlangenartig bewegen, dabei selber rennen – stehenbleiben – zuerst die Beine, dann die Arme heben – paddeln – in der Hockstellung ein Stückchen laufen*
Tief atmet sie durch ihre Lunge. Nun hat sie großen Hunger bekommen. Hier! Auf dieser Blüte krabbelt eine kleine Spinne. Sie fährt ihre Zunge aus und wieder ein. Köstlich, diese Spinne! Und hier eine Mücke. Lecker!	*laut aus- und einatmen – mit dem Zeigefinger auf die „Blüte" deuten – Unterarm (= Zunge) ruckartig nach vorn ausstrecken und wieder zum Mund zurück – schmatzen – Wiederholung beliebig oft*
Plötzlich kommt ein Fuchs durch das Gras geschlichen. Er packt die Kröte und schiebt sie in sein Maul. „Pfui, Teufel, die schmeckt ja widerlich!" Sofort spuckt er die Kröte wieder aus. Fröhlich springt die Kröte davon.	*anschleichen – mit den Händen schnelle Greifbewegung, zum Mund führen – Spuckbewegung – weghüpfen*

Feldhase/Wildkaninchen
Ausmalvorlage/Steckbrief

Feldhase (H), Wildkaninchen (K)

Tiergruppe	Säugetiere
Systematik	**H:** gehört zu den Echten Hasen innerhalb der Familie der Hasen; **K:** gehört auch zur Familie der Hasen. Kreuzungen zwischen Feldhasen und Wildkaninchen gibt es nicht.
Verbreitung	**H:** Europa, westliches Asien, Nordafrika; **K:** West- und Mitteleuropa; in Australien, Nord- und Südamerika wurden sie vom Menschen eingeführt.
Aussehen/Merkmale	*Fell:* **H:** rötlichbraun; **K:** graubraun, mit weißem Bauch; *Ohren:* **H:** lange Ohren mit dunklen Spitzen („Löffel"), **K:** einfarbig kurze Ohren; *Beine:* **H:** lange Beine (vor allem Hinterbeine), **K:** kurze Vorder- und Hinterbeine; *Geschwindigkeit:* **H:** bis zu 70 Kilometer in der Stunde, **K:** bis zu 40 Kilometer in der Stunde; *Größe:* Der Feldhase ist größer und schwerer als das Kaninchen; *Lebensweise:* **H:** leben als Einzelgänger, sind Langstreckenläufer, **K:** leben gesellig in Familienverbänden, sind Sprinter, beide haben eine gespaltene Oberlippe und einen kurzen Schwanz („Blume"). Die Schneidezähne wachsen ständig nach.
Lebenserwartung	**H:** bis 12 Jahre; **K:** bis 9 Jahre
Lebensraum	**H:** Wiesen, Felder, Wälder; leben immer oberirdisch; **K:** Wiesen, Felder, Bahndämme, Waldränder, Sanddünen; graben sich unterirdische Baue

Feldhase/Wildkaninchen

— Steckbrief

Nahrung	**H und K:** nur pflanzliche Nahrung (zum Beispiel Kräuter, Gräser, Getreide, Feldfrüchte, Knospen, Triebe, Rinde)
Fressfeinde	**H und K:** Greifvögel, Eulen, Füchse, Wiesel, Iltisse, Marder, Dachse, vereinzelt Hunde und Katzen
Verteidigung	**H:** Bei einer Gefahr drückt sich der Hase in eine Erdmulde („Sasse"). Erst im letzten Augenblick springt er auf und rennt davon. Kommt der Verfolger ihm sehr nahe, so schlägt er „Haken". Durch diese Seitensprünge kann der Hase oft entkommen. **K:** Das Kaninchen ist kein so ausdauernder und schneller Läufer wie der Hase. Bei Gefahr trommelt es mit den Hinterbeinen auf den Boden, um andere Kaninchen zu warnen. Dann rennt es möglichst schnell in seinen nahen Bau.
Sinnesorgane	**H und K:** sehr guter Gehörsinn und Geruchssinn
Aktivitätszeit	**H und K:** dämmerungsaktiv und nachtaktiv
Revierverhalten	**H:** Der einzelgängerisch lebende Feldhase läuft zwar immer auf den gleichen Wegen („Wechsel"), markiert diese aber nicht; **K:** Kaninchen leben in Familien mit klaren Regeln. Ein Männchen ist der Anführer mehrerer Familien. Er markiert das Gelände mit seinen Ausscheidungen, um andere Kaninchen fernzuhalten.
Überwinterung	ganzjährig aktiv
Nachwuchs	**H:** Zwischen Februar und September hoppeln männliche Hasen („Rammler") stunden- bis tagelang hinter der Häsin her. Irgendwann kommt es zur „Hasenhochzeit". Die Häsin sucht eine windgeschützte Erdmulde und polstert sie mit Pflanzen und ausgezupften Bauchhaaren aus. 42 Tage nach der Paarung werden 2–4 sehende Babys mit Fell geboren (= Nestflüchter). Sie werden etwa einen Monat lang gesäugt. Hierfür sucht die Mutter die Kleinen für sehr kurze Zeit auf. Dabei geht sie auf Umwegen zum Nest, um keine Feinde anzulocken. Die Häsin bekommt 3–4 Mal im Jahr Junge. **K:** Vor der Geburt legt das Weibchen einen eigenen Bau an („Setzröhre"). Es verschließt die Röhre mit Gras und Blättern. Nach einem Monat Tragzeit werden 4–6 nackte und blinde Babys geboren (= Nesthocker). Nach 10 Tagen öffnen sie die Augen und bekommen das erste Fell. Sie werden etwa einen Monat gestillt. Nach 3 Wochen verlassen sie die Setzröhre erstmals und beginnen, an Pflanzen zu knabbern. Immer wieder kehren sie zum Säugen in die Höhle zurück.

Feldhase/Wildkaninchen
Sachgeschichte

Ich bin ein kleines Wildkaninchen und spiele gerade mit meinen Geschwistern vor unserem Erdloch. Wums! Soeben ist meine Schwester über mich gepurzelt. Jetzt bin ich wieder dran. Ich nehme Anlauf, springe über ihren Rücken und überschlage mich zweimal. Doch schon stehe ich wieder auf meinen Füßen, hopple zu meiner Schwester und gebe ihr einen Kuss. Sie küsst mich zurück, leckt mir das Fell und kratzt mich mit ihren Pfoten. Nachdem wir ausführlich geschmust haben, schlüpfe ich schnell in unser Erdloch. Mama ist auch schon da. Ich lege mich zu ihr und sauge gierig einige Schlucke Milch. Hier in dieser kleinen Röhre wurde ich vor drei Wochen geboren. Meine vier Geschwister und ich waren ganz nackt und wir konnten nichts sehen. Erst einige Zeit später wuchs unser Fell, und unsere Augen öffneten sich. Mama war meistens bei uns. Wir schliefen viel und tranken die gute Milch. Gestern kroch ich das erste Mal aus unserem Bau heraus. Ich knabberte an frischen Gräsern, Klee und leckeren Kräutern. Wir Kaninchen fressen nämlich nur Pflanzen und verspeisen keine Tiere. Bald brauche ich die Milch meiner Mutter nicht mehr, aber im Moment schmeckt sie mir noch richtig gut! So, genug getrunken! „Tschüß, Mama, ich gehe jetzt wieder spielen", rufe ich meiner Mutter zu und schlüpfe nach draußen. Sofort beschnuppern mich meine Geschwister und geben mir feuchte Küsschen. Plötzlich hören wir ein Klopfen. Einige Meter neben uns trommelt Papa mit seinen Hinterbeinen auf den Boden. Das bedeutet: Feind in Sicht, höchster Alarm, schnell in Sicherheit bringen! Blitzschnell flitzen alle Kaninchen in den unterirdischen Bau. Leider haben wir viele Feinde. Greifvögel, Eulen, Füchse und Wiesel fressen uns gerne. „Ein Mäusebussard war im Anflug", erklärt uns Papa, „ihr müsst noch ein wenig hier drinnen warten." Doch nach kurzer Zeit wird es uns Kindern zu langweilig. Vorsichtig gucke ich aus dem Loch heraus. Ich stelle meine Ohren auf und recke mein Näschen in die Luft. Weit und breit nichts zu hören und nichts zu riechen. „Die Luft ist rein, hopp, hopp, hopp, raus mit euch", flüstere ich meinen Geschwistern zu. Einer nach dem anderen hoppelt ins Freie. Aufgeregt schreit mir plötzlich mein Bruder ins Ohr: „Ein Fuchs verfolgt einen Hasen. Schau, da drüben auf dem Feld! Du kannst den Hasen an seinen langen Ohren erkennen." Tatsächlich! Neugierig stelle ich mich auf meine Hinterbeine. In atemberaubender Geschwindigkeit rennt ein Fuchs dicht hinter einem Feldhasen her. Jetzt hat der Fuchs ihn gleich! Nein, doch nicht! Der Hase ist plötzlich nach rechts gesprungen, der Fuchs rennt jedoch geradeaus weiter. Er bremst ab, biegt auch nach rechts und versucht, den Hasen wieder einzuholen. Doch dieser springt plötzlich nach links. Der Fuchs

Feldhase/Wildkaninchen

Sachgeschichte

bleibt stehen und schaut sich um. Wo ist dieser Hase nur, gerade war er noch da. Der Fuchs gibt die Verfolgung auf. Er verschwindet im Wald. Ganz außer Atem bleibt der Hase einige Meter vor unserem Bau stehen. Ich hopple zu ihm: „Hey, Hase, du kannst ja so schnell laufen und hast immer wieder die Richtung geändert, das war einfach spitze!" Der Hase dreht sich überrascht um. „Also erstens bin ich eine Häsin und zweitens nennt man das bei uns ‚Haken schlagen', erklärt sie uns stolz, „meistens können wir so unsere Verfolger abhängen. Als ich geduckt im hohen Gras lag, hoffte ich ja bis zum letzten Augenblick, dass mich der Fuchs nicht entdeckt. Erst als er ganz nahe bei mir war, sprang ich blitzschnell auf und rannte davon." „Weshalb bist du nicht in deinen Bau geflüchtet?", frage ich sie wissbegierig. Die Häsin fängt an, zu lachen: „Wir Hasen leben doch über der Erde, wir graben keine Baue so wie ihr Kaninchen." „Aber wo schläfst du denn dann, und wo kommen deine Jungen auf die Welt?", frage ich sie erstaunt. Freundlich erklärt sie mir: „Ich schlafe in einer windgeschützten Sasse, das ist eine Mulde am Boden, in die ich mich lege. In so einer Sasse kommen auch meine Hasenkinder zur Welt." Plötzlich wird sie unruhig: „Die Sonne geht gerade unter, ich muss schnell zu meinen Hasenbabys. Dort drüben neben der Hecke liegen sie. Wenn ihr wollt, könnt ihr mich begleiten." Unsere neue Freundin springt los, und wir hoppeln so schnell wie möglich hinter ihr her. Um keine Feinde anzulocken, geht die Hasenmutter nicht den kürzesten Weg, sondern macht einige Umwege. Endlich erreichen wir die Babys. Mit angelegten Ohren liegen sie geduckt im Gras. Obwohl sie erst zwei Tage alt sind, haben sie schon ein Fell und können sehen. Hungrig ergreifen sie die Zitzen ihrer Mutter und trinken Milch. Als sie fertig getrunken haben, springt die Hasenmutter auf. „Bleib doch noch hier", bittet das eine Kind. „Tut mir leid, mein Kleines, ich würde auch noch gerne bei euch bleiben, aber Feinde, wie der Fuchs oder das Wiesel, würden durch meinen Geruch angelockt werden. Alleine seid ihr sicherer, weil ihr noch nicht den typischen Hasengeruch an euch habt. Morgen komme ich wieder." Wir bedanken uns bei der Häsin für den interessanten Ausflug und hoppeln zu unserem Kaninchenbau. Als uns die anderen Kaninchen freudig beschnuppern, bin ich froh, ein Kaninchen zu sein. Immer allein zu leben wie ein Hase würde mir nicht gefallen. Nur die wunderbar langen Ohren und Beine vom Hasen, die hätte ich auch gern!

Feldhase/Wildkaninchen

Bilderquiz

1. Was fressen Kaninchen?

a) ☐ Pflanzen

b) ☐ Pflanzen, aber auch kleine Tierchen wie Käfer und Spinnen.

2. Welche Feinde haben Kaninchen und Hasen?

a) ☐ Füchse und Greifvögel

b) ☐ junge Wildschweine

Feldhase/Wildkaninchen

Bilderquiz

3. Wo werden Hasenkinder geboren?

a) ☐ in einem unterirdischen Bau

b) ☐ in einer Bodenmulde (Sasse)

4. Wie erkennt man einen Hasen?

a) ☐ an seinen langen Ohren (Löffel)

b) ☐ an seinem langen Schwanz

Feldhase/Wildkaninchen

Textquiz

1. Wie werden Kaninchenbabys geboren?

    a) ☐ nackt und blind
    b) ☐ mit Fell und geöffneten Augen
    c) ☐ mit langen Ohren

2. Ein Mäusebussard ist im Anflug. Wie warnt ein Kaninchen seine Familie?

    a) ☐ Es stellt seine Ohren auf und flüchtet sofort in den Bau.
    b) ☐ Es trommelt mit seinen Hinterbeinen auf den Boden.
    c) ☐ Es springt auf und schlägt Haken, um den Mäusebussard abzulenken.

3. Wie verhält sich ein Hase, wenn sich ein Fuchs ihm nähert?

    a) ☐ Er liegt geduckt im Gras und springt erst auf, wenn der Fuchs ganz nahe ist.
    b) ☐ Sobald er den Fuchs in der Ferne entdeckt, läuft er weg.
    c) ☐ Er flüchtet schnell in seinen Bau.

4. Wo werden Hasenbabys geboren?

    a) ☐ In einem kleinen Erdloch.
    b) ☐ Mitten in der windgeschützten Hecke.
    c) ☐ In einer Bodenmulde (Sasse).

5. Weshalb geht eine Hasenmutter auf Umwegen zu ihren Kindern?

    a) ☐ um keine Feinde anzulocken
    b) ☐ um möglichst viele frische Kräuter zu pflücken
    c) ☐ weil die Kinder noch keinen Hunger haben

6. Weshalb bleibt die Hasenmutter nicht lange bei ihren Kindern?

    a) ☐ Sie muss sich selbst Futter suchen, deshalb hat sie keine Zeit.
    b) ☐ Feinde würden durch den Geruch der Mutter angelockt werden.
    c) ☐ Ein Storch naht, und die Häsin muss schnell verschwinden.

7. Kreuze die richtigen Antworten an!

    a) ☐ Hasen haben lange Beine und lange Ohren.
    b) ☐ Hasen haben lange Beine und kurze Ohren.
    c) ☐ Kaninchen haben kurze Beine und kurze Ohren.

Feldhase/Wildkaninchen

Bewegungsgeschichte

Text	Bewegungsvorschläge
Langohr, der kleine Feldhase, wälzt sich gemütlich in seiner Erdmulde. Er hat wunderbar geschlafen. Er stellt seine langen Löffel auf und schwingt sie nach links und rechts. Mit der Zunge leckt er sein schönes Fell und kratzt sich hinter den Ohren.	*am Boden wälzen – in den Fersensitz kommen – Arme über den Kopf und nach links und rechts schwingen – Leckbewegung – mit Fingern hinter Ohren kratzen*
Mit großen Sprüngen hüpft er über die Wiese. Mit seinen großen Schneidezähnen reißt er immer wieder Gräser und Kräuter ab. Seht mal her, könnt ihr auch so schön mümmeln wie ein Hase?	*Arme über den Kopf als Ohren, springen – Mund öffnen und schließen – „mümmeln" (sehr schnelle Mundbewegungen)*
Plötzlich stellt sich Langohr auf die Hinterpfoten und streckt seine Nase in den Wind. Es riecht nach Fuchs! Schnell auf den Boden und nicht mehr bewegen! Der Fuchs ist ganz nahe! Der Hase springt auf und rennt davon. Immer wieder schlägt er Haken.	*auf Zehenspitzen stellen, Nase in die Luft recken – sich auf den Boden ducken, regungslos verharren – blitzschnell aufrichten, wegrennen – Haken schlagen (immer wieder plötzlicher Richtungswechsel)*
Nun pirscht sich der Fuchs an die Kaninchen heran. Kurzohr, das kleine Kaninchen, hat ihn sofort gerochen. Es trommelt mit seinen Hinterfüßen auf den Boden. Blitzschnell rennen die Kaninchen in ihren Bau. Gerade noch geschafft! Um sich von dem Schreck zu erholen, schmusen sie erst mal ausführlich.	*Hände auf den Boden, dabei mit Füßen im Wechsel „trommeln" – aufrichten, wegrennen, im „Kaninchenbau" verstecken – sich beschnuppern, umarmen, küssen …*
Vorsichtig recken die Kaninchen ihr Näschen aus dem Bau. Ist der Fuchs noch da? Ein Glück, er ist verschwunden. Erleichtert springen die Kaninchen nach draußen und tollen umher.	*Nase aus dem „Bau" recken – herausspringen – herumtollen (z.B. übereinanderklettern, sich anstupsen, Verstecken spielen …)*

Tipp: *Wer möchte, kann vor Beginn den Ort des Kaninchenbaus festlegen, in den sich die Kaninchen flüchten (Absatz 4). Im Raum könnte dies ein Tisch mit Decke sein, im Freien einige Büsche.*

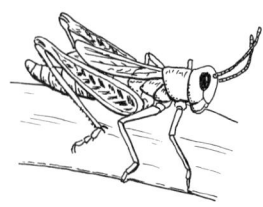

Grashüpfer

Ausmalvorlage/Steckbrief

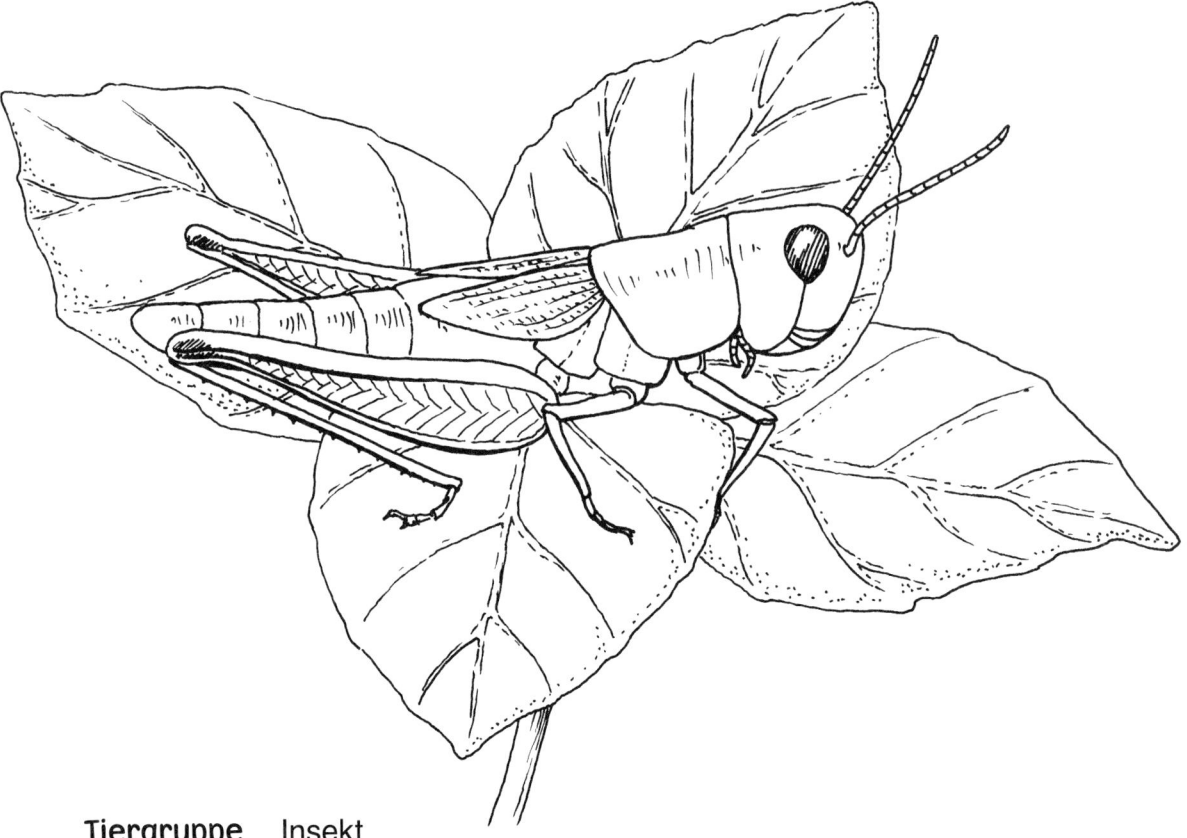

Tiergruppe	Insekt
Systematik	Der Grashüpfer gehört innerhalb der Kurzfühlerheuschrecken zur Familie der Feldheuschrecken. Der Steckbrief bezieht sich auf den „gemeinen Grashüpfer", das bedeutet so viel wie „gewöhnlicher Grashüpfer".
Verbreitung	Europa, Asien, Nordafrika. Der Grashüpfer ist die häufigste Heuschreckenart in Deutschland.
Aussehen/Merkmale	Farbe: grün, braun oder gemischt; Körperlänge: 13–22 Millimeter. Wie bei allen Insekten ist der Körper dreigeteilt: 1. Kopf mit 2 Augen, 2 kurzen Fühlern und Mundwerkzeugen zum Beißen und Tasten. 2. Brust mit 3 Beinpaaren: Das hintere Beinpaar ist sehr kräftig entwickelt. Dadurch können Grashüpfer sehr weit springen. Die Flügel des Grashüpfers sind sehr kurz, und daher zum Fliegen nicht geeignet. 3. Hinterleib mit Organen zur Verdauung und Fortpflanzung.
Gesang	Er streicht mit den Hinterbeinen an den Flügeln entlang. An den Hinterschenkeln befindet sich hierzu eine Art Sägekamm. Es gibt viele verschiedene Gesänge, die auch Unterschiedliches zu bedeuten haben. Beispielsweise locken Männchen die Weibchen mit anderen „Gesangsstrophen" an, als wenn sie ihr Revier verteidigen.

Kinder lernen Tiere aus Feld und Wiese kennen

Grashüpfer

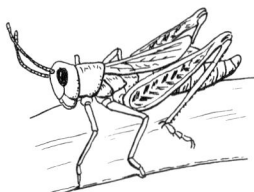

Steckbrief

Lebenserwartung	ein halbes Jahr: Die im Sommer gelegten Eier überwintern im Boden. Im Frühjahr schlüpfen die jungen Grashüpfer, die im Juli ausgewachsen sind. Sie paaren sich und sterben im Herbst.
Lebensraum	bei uns ist er überall zu finden; Wiesen, Wald- und Heckenränder, Moore
Nahrung	ausschließlich pflanzliche Kost, hauptsächlich Gräser
Fressfeinde	Vögel, Spinnen, Igel, Spitzmäuse, Maulwürfe, Füchse, Ratten, Marder, Katzen
Verteidigung	Tarnung, plötzliches Wegspringen
Sinnesorgane	sehr gutes Hör- und Sehvermögen. Die Gehöröffnungen befinden sich am Hinterleib. Mit den Beinen kann er jede noch so kleine Erschütterung spüren.
Aktivitätszeit	tagaktiv, vor allem mittags und am Nachmittag
Revierverhalten	Durch bestimmte Gesänge markiert der Grashüpfer sein Revier und hält dadurch andere Männchen auf Abstand; zu Kämpfen zwischen den Männchen kommt es bei Grashüpfern aber nicht.
Überwinterung	Die Eier des Grashüpfers überwintern im Boden.
Nachwuchs	Um ein Weibchen anzulocken, zirpt das Grashüpfermännchen ganz bestimmte Gesänge. Das Weibchen antwortet mit einem leisen Zirpen. Haben sich die beiden gefunden, beginnt das Weibchen einige Tage später mit der Eiablage. Dabei bohrt es seine Hinterleibsspitze möglichst tief in die Erde. Die Eier bleiben den Winter über in der Erde, im Frühjahr schlüpfen dann weiße bis gelbliche Larven. Bei Heuschrecken fehlt das für Insekten typische Puppenstadium, wie zum Beispiel bei Schmetterlingen oder Marienkäfern. Die Grashüpferlarven sehen nach dem Schlüpfen den erwachsenen Tieren schon sehr ähnlich. Um wachsen zu können, müssen die Larven sich insgesamt fünfmal häuten. Hierfür krallt sich der Grashüpfer kopfüber mit seinen Beinen an einer Pflanze fest. Die Rückenhaut platzt auf, und das Tier lässt sich aus der Hülle gleiten, die inzwischen durchsichtig geworden ist. Die alte Haut hängt nun frei am Ast, sogar die alte Beinhülle und die alte Fühlerhülle sind gut zu erkennen. Das Herausschlüpfen dauert etwa eine Stunde.

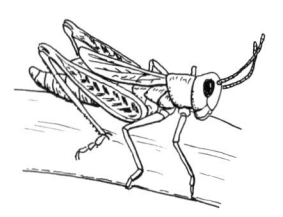

Grashüpfer

Sachgeschichte

Blobb, blobb, blobb – blobb, blobb, blobb! Viele, viele Eier fallen gerade aus Mutters Hinterleib in die Erde. In einem dieser Eier bin ich. Blobb, blobb, blobb! Drei Eier sind auf mich gefallen. Jetzt reicht es aber, Mama, du hast wirklich genug Eier gelegt. Unsere Mutter zieht nun ihre Hinterleibsspitze wieder aus dem Boden und hüpft in großen Sprüngen davon. So, da liege ich nun, mitten in der Erde, eingeengt zwischen den Eiern meiner Geschwister. „Hallo, ihr Eier! Wisst ihr, wann ich endlich ausschlüpfen kann?", frage ich ganz ungeduldig. „Du musst den Winter hier unten verbringen", brummt ein Ei neben mir. Das kann ja wohl nicht wahr sein! So viele Monate soll ich nun hier liegen, das kann ja schrecklich langweilig werden. Ungeduldig warte ich auf den Frühling. Eines Tages merke ich plötzlich eine Veränderung. In meinem Ei wird es auf einmal wärmer. „Du kannst jetzt ausschlüpfen", ruft das Ei neben mir, „es ist Frühling geworden." Sogleich drücke ich mich mehrere Male gegen die Eischale. Pusch! Die Schale ist geplatzt, ich schiebe mich heraus. Ganz schön dunkel hier unten, wo ist nur der Ausgang? Ich krabble ein Stückchen nach oben und mein Köpfchen guckt aus der Erde heraus. Auch meine Geschwister haben sich aus dem Ei befreit und sind an die Erdoberfläche gekommen. Sie sehen alle schon wie richtige Grashüpfer aus, jedoch noch ohne Flügel. Was ist denn mit meiner Haut plötzlich los? Sie ist viel zu eng und ganz unbequem. Ich glaube, ich muss sie möglichst schnell ablegen. Ich krabble auf ein Blatt und kralle mich mit dem Kopf nach unten mit den Beinen fest. Gespannt warte ich ab, was geschieht. Auf einmal platzt die Haut an meinem Rücken. Ich versuche nun, mich aus der alten Haut herauszuschieben. Hau-ruck, hau-ruck! Das ist gar nicht so einfach. Meine langen Hinterbeine stecken noch fest. Hau-ruck, hau-ruck! Juchhu, ich habe es geschafft! Mein ganzer Körper ist im Freien und meine alte Haut hängt an dem Blatt. Nach dieser anstrengenden Häutung steige ich auf eine Blüte und sonne mich gemütlich. Mmh, diese Hitze tut wirklich gut. Dann klettere ich auf einen Grashalm. Ob ich wohl auch springen kann? Mit meinen kräftigen Hinterbeinen drücke ich mich fest ab. Fantastisch, fast einen halben Meter weit bin ich gesprungen! Begeistert hüpfe ich mehrmals hintereinander. Hüpf-hüpf-hüpf-hüpf-hüpf! Jetzt habe ich aber einen großen Hunger. Mit meinen scharfen Mundwerkzeugen schneide ich ein Stück eines Grashalmes ab. Einfach köstlich! Jetzt probiere ich ein Kleeblatt. Ih, das schmeckt aber gar nicht gut, da fresse ich lieber noch einige Gräser. Mampf, mampf, mampf! Die Wochen vergehen, ich tue nichts anderes als fressen, mich sonnen und mich immer wieder häuten.

Grashüpfer

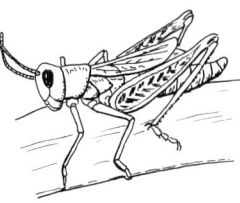

Sachgeschichte

Gerade habe ich meine fünfte Häutung hinter mich gebracht. Jetzt ist es Sommer. Ich bin ein ausgewachsener Grashüpfer und habe endlich auch meine Flügel. Fröhlich fange ich zu singen an. Hierfür reibe ich meine beiden Hinterbeine an meinen Flügeln, so wie bei einer Geige. „Srä-srä-srä-srä – srä-srä-srä-srä", ertönt es lautstark über die Wiese. Durch meinen Gesang lasse ich andere Grashüpfermännchen wissen, dass ich hier schon lebe und sie nicht in mein Revier eindringen dürfen. „Srä-srä-srä-srä – srä-srä-srä-srä", zirpe ich noch einmal eindringlich. Eine Hummel landet neben mir und brummt: „Dein Gesang ist einfach zu laut und viel zu aufdringlich." Verwundert entgegne ich ihr: „Ich bin das einzige Insekt, das richtige Melodien singen kann, andere Insekten, so wie du, können nur einfache Töne von sich geben." „Gib nicht so an", brummt die Hummel beleidigt und schwirrt davon. Nicht einmal die Wahrheit darf man sagen! Ich glaube, ich sehe nicht recht! Dort drüben hat sich ein anderes Grashüpfermännchen niedergelassen. Dem werde ich es zeigen! „Srä-srä-srä-srä-srä-srä – srä-srä-srä-srä-srä-srä", zirpe ich in höchsten Tönen. Auch das Männchen stimmt seinen Kampfgesang an: „Rä-rä-rä-rä-rä-rä – rä-rä-rä-rä-rä-rä." Nun versuche ich, ihn mit einem noch lauteren Zirpen zu übertönen: „Srä-srä-srä-srä-srä." Das scheint ihn beeindruckt zu haben. Mit großen Sprüngen verlässt er mein Gebiet. Jetzt habe ich mir aber eine Pause verdient. Gerade will ich mich gemütlich in die Sonne setzen, als ich eine leichte Erschütterung an meinen Beinen spüre.

Schnell drehe ich mich um und sehe eine Spinne. Sie rennt direkt auf mich zu. Jetzt aber schnell! Mit meinen langen Sprungbeinen drücke ich mich fest ab und lande, schwupps, auf einem Stein. Pech gehabt, Spinne, so weit springen kann eben nur ich. Nachdem ich noch einige Gräser in mich hineingemampft habe, bekomme ich Lust, ein Weibchen anzulocken. Ich lasse eine besonders schöne Melodie erklingen: „Sra-srä-sro-sri – sri-sro-srä-sra – sra-srä-sro-sri – sri-sro-srä-sra." Gespannt warte ich, ob ich eine Antwort höre. Schade, nichts zu hören. Ich probiere es gleich noch einmal: „Sra-srä-sro-sri – sri-sro-srä-sra." Wieder lausche ich. Unter all den Tierstimmen höre ein leises zartes Zirpen: „Sri-sri-sri – sra-sra-sra." Wie schön! Ein Weibchen hat meinen Gesang gehört. Ich springe ein Stückchen in ihre Richtung. Da ist sie ja. Wir begrüßen uns mit sanftem Zirpen und paaren uns. Anschließend trennen wir uns wieder. Auch sie wird bald viele Eier in die Erde legen, so wie meine Mutter. Ihr könnt euch sicherlich noch erinnern, oder?

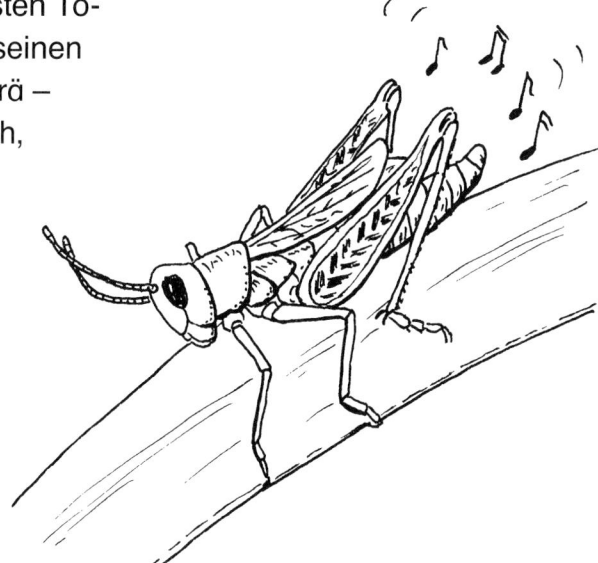

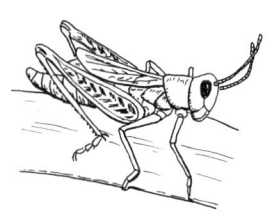

Grashüpfer

Bilderquiz

---

1. Was tut ein kleiner Grashüpfer, wenn er aus der Erde gekrochen ist?

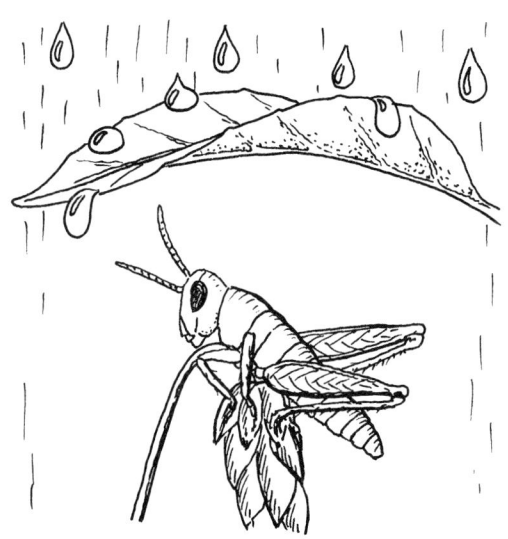

a) ☐ Er setzt sich unter ein Blatt und wartet, bis der Regen aufhört.

b) ☐ Er häutet sich.

2. Weshalb kann ein Grashüpfer so weit springen?

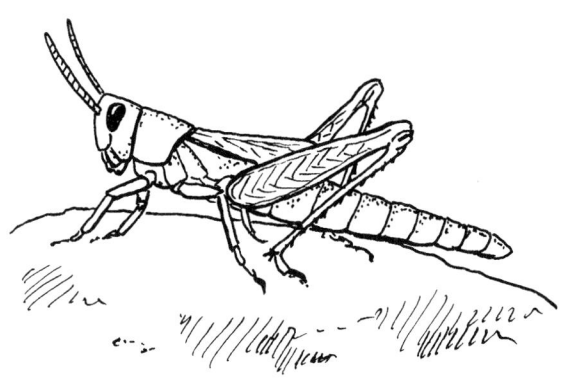

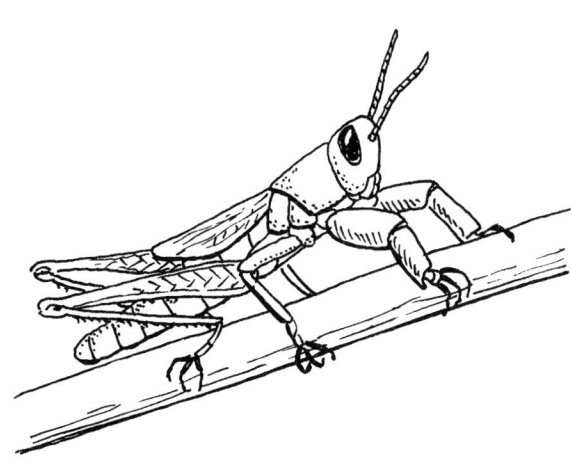

a) ☐ Er hat 2 lange und kräftige Hinterbeine.

b) ☐ Er hat 2 lange und kräftige Vorderbeine und Krallen an seinen Füßen.

Grashüpfer
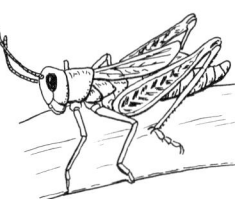
Bilderquiz

3. Wie lockt ein Grashüpfermännchen ein Weibchen an?

a) ☐ Es singt eine schöne Melodie.

b) ☐ Es schenkt dem Weibchen eine Blume.

4. Von welchen Tieren werden Grashüpfer gefressen?

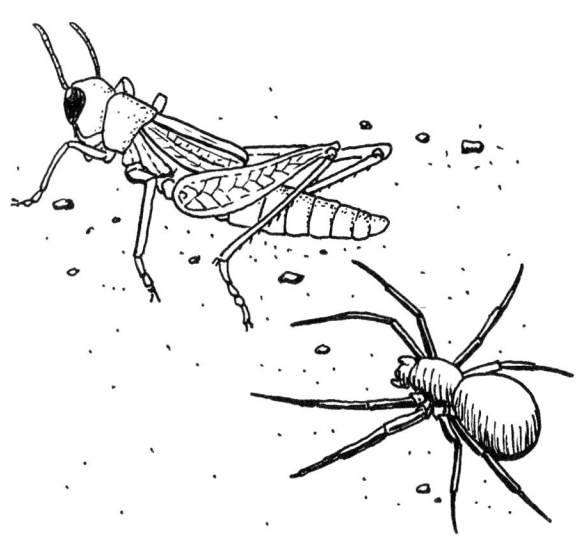
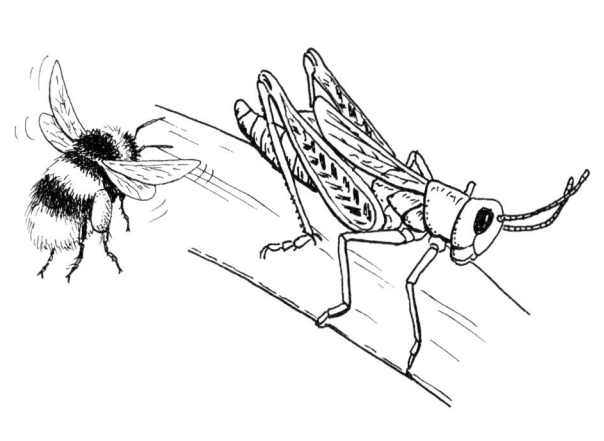

a) ☐ von Spinnen

b) ☐ von Hummeln

Grashüpfer
Textquiz

1. Wo legt eine Grashüpfermutter ihre Eier ab?

a) ☐ auf einem Blatt   b) ☐ in der Erde   c) ☐ auf einem Stein

2. Wie sieht eine Grashüpferlarve nach dem Schlüpfen aus?

a) ☐ wie ein erwachsener Grashüpfer, nur ohne Flügel
b) ☐ wie eine Schmetterlingsraupe
c) ☐ völlig anders als ein Grashüpfer, die Larve muss sich noch verpuppen

3. Wann schlüpfen die kleinen Grashüpfer aus ihren Eiern?

a) ☐ im Herbst   b) ☐ im Frühling   c) ☐ im Winter

4. Was frisst ein Grashüpfer?

a) ☐ Spinnen und andere Insekten   b) ☐ Wurzeln
c) ☐ Gräser

5. Wie bringt der Grashüpfer seine Gesänge hervor?

a) ☐ Er reibt seine Hinterbeine an seinen Flügeln.
b) ☐ Er reibt seine Vorderbeine an seinen Flügeln.
c) ☐ Er reibt seine Hinterbeine am Kopf.

6. Von welchen Tieren werden Grashüpfer gefressen?

a) ☐ von Regenwürmern   b) ☐ von Fischen   c) ☐ von Spinnen

7. „Singen" Grashüpfer immer die gleiche Melodie?

a) ☐ Nein, es gibt verschiedene Melodien.
b) ☐ Ja, Grashüpfer singen immer nur die gleiche Melodie.
c) ☐ Grashüpfer können keine Laute von sich geben.

Grashüpfer

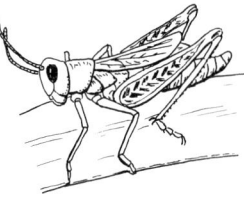

Bewegungsgeschichte

Text	Bewegungsvorschläge
Hupps, der kleine Grashüpfer, sitzt im Gras. Er klettert einen Grashalm hinauf und wieder hinunter. Dann springt er umher. Seht mal, jetzt macht er Riesensprünge. Auch seitwärts kann er hüpfen, nach links und nach rechts. Hüpf, hüpf …	*im Stehen Knie leicht gebeugt – mit Händen Kletterbewegung nach oben und unten – umherspringen – anhalten, sehr weite Sprünge – Seitwärtssprünge*
Jetzt möchte Hupps singen. Er reibt seine Hinterbeine an seinen Flügeln und zirpt ganz laut: „Srä, srä, srä, srä." Mal singt er langsam „srä, srä, srä, srä", mal schneller „srä, srä, srä, srä."	*im Stehen Unterarme an den Oberschenkeln (= Flügel) reiben und „srä" singen – mit tiefer Stimme langsam „srä" rufen, dann mit hoher Stimme schnell hintereinander*
Plötzlich springt ein anderes Männchen heran. Jetzt singt Hupps noch lauter: „Srä, srä, srä, srä." Das Männchen erschrickt und springt schnell davon. Vom vielen Singen hat Hupps Hunger bekommen. Er schneidet mit seinen scharfen Mundwerkzeugen einige Gräser ab.	*springen – sehr laut und eindringlich „srä" rufen – davonspringen – mit der Hand auf dem Bauch kreisen – mit geöffnetem Mund die Zähne laut aufeinanderschlagen*
Nun möchte Hupps ein Weibchen anlocken. Er singt besonders schön: „Sra, srä, sro, sri – sri, sro, srä, sra." Da kommt auch schon eines angehüpft. Nach der Paarung bohrt das Weibchen seine Hinterleibsspitze in die Erde und legt viele Eier hinein. „Blobb, blobb, blobb." Den ganzen Winter bleiben die Eier in der Erde.	*wie bei der Tonleiter bei jedem Laut Stimme heben, dann senken – springen – in die Hocke gehen, Hand (= Hinterleibsspitze) hinter sich führen – bei jedem „blobb" Oberkörper vor und zurück – still sein*
Im Frühling schlüpfen kleine Grashüpfer. Sie müssen sich häuten. Sie hängen sich kopfüber an eine Pflanze und versuchen, die alte Haut abzustreifen. Puh, geschafft! Dann springen und fressen sie. Nun müssen sie sich wieder häuten. Nach der 5. Häutung sind alle Grashüpfer erwachsen. Sie singen laut und krabbeln davon: „Srä-srä-srä-srä …"	*mit Händen Kletterbewegung nach oben – auf den Rücken legen, Beine und Arme in die Luft, Oberkörper ruckartig bewegen – springen, fressen wie in Absatz 3 – Wiederholung der Häutung – singend auf allen vieren krabbeln*

Greifvogel (Mäusebussard)

Ausmalvorlage/Steckbrief

Tiergruppe	Vogel
Systematik	Zu den eigentlichen Greifvögeln zählen Adler, Bussarde, Milane, Weihen, Habichte und Sperber. Falken bilden eine eigene Ordnung, da sie die Beute nicht mit ihren Füßen, sondern mit ihrem Schnabel töten.
Verbreitung	auf allen Erdteilen, außer der Antarktis. Der bei uns am häufigsten verbreitete Greifvogel ist der Mäusebussard, der zweithäufigste ist der Turmfalke.
Aussehen/Merkmale	leichtes Skelett; starke Brust- und Beinmuskeln; starke Füße mit gebogenen Krallen; große, fast unbewegliche Augen, stattdessen sehr beweglicher Hals; Hakenschnabel (zahnlos); breite und gerundete Flügel, Federn von fast weiß bis dunkelbraun; miauender Ruf
Lebenserwartung	Mäusebussarde können bis zu 20 Jahre alt werden.
Lebensraum	Wiesen, Felder, Heckenlandschaften, Wälder und Waldränder

Kinder lernen Tiere aus Feld und Wiese kennen

Greifvogel (Mäusebussard)

— Steckbrief

Nahrung	Mäuse, Ratten, Vögel, Maulwürfe, Kaninchen, Insekten, Frösche, Eidechsen, Blindschleichen, Aas

Greifvögel haben unterschiedliche **Jagdtechniken**:

1. Segelflug (Suchflug): im Aufwind segeln und nach Beute Ausschau halten

2. Rüttelflug: an einer Stelle in der Luft „stehen", dabei mit den Flügeln auf- und niederschlagen und nach Beute spähen

3. Ansitzjagd: auf einem erhöhten Punkt, dem „Ansitz", nach Beute schauen (zum Beispiel von einem Baum oder Zaun aus)

4. Jagen in der Luft: Während der Greifvogel fliegt, schnappt er sich in der Luft einen anderen fliegenden Vogel.

5. Jagen „zu Fuß": Käfer, Heuschrecken oder Regenwürmer werden gelegentlich „zu Fuß" verfolgt.

Fressfeinde	keine
Verteidigung	Greifvögel sind durch ihr Gefieder gut getarnt.
Sinnesorgane	sehr gutes Hörvermögen, ausgezeichnetes Sehvermögen. Ein Bussard sieht eine Heuschrecke aus 100 Metern Entfernung.
Aktivitätszeit	tagaktiv
Revierverhalten	Durch die wagemutigen Balzflüge locken Mäusebussarde Weibchen an. Sie zeigen zugleich anderen Männchen, dass hier ihr Revier ist. Sie markieren ihr Revier auch mit Rufen.
Überwinterung	Finden Greifvögel im Winter keine ausreichende Nahrung, so ziehen sie in andere Gebiete. Einige Greifvögel aus Nordeuropa überwintern zum Beispiel bei uns in Deutschland. Mäusebussarde verbringen den Winter hier.
Nachwuchs	**am Beispiel des Mäusebussards:** Viele Greifvogelpaare bleiben ein Leben lang zusammen. Jedes Frühjahr vollführt das Männchen rasante Sturzflüge, um sein Weibchen zu beeindrucken. Nach der Paarung suchen sie meistens ihr Nest („Horst") des Vorjahres wieder auf. Das Weibchen legt zwischen 2 und 4 Eier hinein und brütet diese etwa einen Monat aus. Die Jungen sind Nesthocker. Sie schlüpfen mit einem weißen Daunenkleid und müssen von der Mutter gewärmt werden. Sie können nach der Geburt sehen und auch gleich Fleisch fressen. Nach 6–7 Wochen verlassen die Jungen den Horst. Sie bleiben jedoch in Nestnähe und werden noch einige Wochen von den Eltern gefüttert. Nachdem sie das Jagen gelernt haben, dürfen sie im Revier der Eltern bleiben, bis sie sich selber einen Partner suchen.

Greifvogel (Mäusebussard)
Sachgeschichte

Hallo Mäuse, wo seid ihr denn? Ich bin ein Mäusebussard, und wie mein Name schon sagt, verspeise ich am liebsten Mäuse. Seit kurzer Zeit sitze ich hier auf einem Ast, meinem Ansitz, und schaue mit meinen scharfen Augen, ob ich eine Maus im Gras entdecke. Ihr Menschen nennt dies auch „Ansitzjagd". Hier, gerade kommt eine Maus aus ihrem Loch. Blitzschnell stürze ich auf sie herab, bremse kurz vor dem Boden ab und packe sie mit meinen scharfen Krallen. Dann fliege ich zu einem Baum und verspeise sie. Mmh, eine leckere Vorspeise! Nun zeige ich euch, wie ich aus der Luft jage. Zunächst lasse ich mich vom Wind nach oben tragen und segle in großen Kreisen am Himmel. Dabei schaue ich auf die Erde und spähe nach Mäusen. Pinkelt mal alle schön auf die Wiese, ihr Mäuschen, damit ich weiß, wo ihr zu finden seid! Ah, hier in der Mitte der Wiese ist besonders viel Urin, da werde ich mal genauer nachsehen. Das ist kein Witz! Wir Greifvögel können tatsächlich die Urinspuren der Mäuse von hoch oben aus der Luft erkennen. Könnt ihr Menschen das etwa nicht? Nein? Das müsst ihr ja auch gar nicht. Schließlich müssen Menschen nicht ihre Nahrung aus der Luft jagen und brauchen deshalb auch keine so scharfen Augen! Gerade habe ich wieder eine Maus entdeckt! Ich stürze nach unten, will gerade zupacken, doch die Maus ist in ihr Loch entwischt. So ein Pech! Ich fliege wieder zu meinem Lieblingsbaum. „Mit dem Rüttelflug klappt es besser", höre ich plötzlich eine Stimme neben mir. Erstaunt drehe ich mich um und sehe einen Falken neben mir sitzen. „Was ist denn ein Rüttelflug?", frage ich den Falken erstaunt. Statt zu antworten, hebt sich dieser in die Lüfte. Direkt über mir schlägt er seine schmalen Flügel auf und ab. Der Kopf bleibt dabei ruhig nach unten gerichtet und der Falke bleibt immer an der gleichen Stelle. „Das soll also das Rütteln sein", stelle ich beeindruckt fest. Das möchte ich auch probieren. Schnell fliege ich neben den Falken und bewege meine Flügel rasch auf und nieder. Es funktioniert recht gut, doch nach einiger Zeit wird es mir zu anstrengend. „Suchst du immer auf diese Weise nach Beute?", frage ich neugierig. Mein Fluggefährte hört mit dem Rütteln auf und antwortet: „Sehr häufig, wir Falken sind bekannt für unseren Rüttelflug. Wir können auch sehr schnell geradeaus fliegen. Ich habe schon oft Tauben und Spatzen in der Luft gefangen." „Hier gibt es doch kaum Tauben", sage ich erstaunt. „Aber in der Stadt. Ich wohne nämlich auf einem Kirchturm, deshalb heiße ich auch Turmfalke. Ich muss zurzeit viel Beute nach Hause schleppen, meine Frau und ich haben nämlich Nachwuchs bekommen. Immer nur Tauben und Spatzen zu fressen, ist auch langweilig. Deshalb fliege ich von der Stadt hierher, um meine Lieblingsspeise, die Feldmäuse, zu fangen. Sie schmecken einfach so lecker."

Greifvogel (Mäusebussard)

Sachgeschichte

„Ich mag auch die Mäuse so gerne", fange auch ich zu schwärmen an, „aber ich fresse auch Kaninchen, Maulwürfe, Eidechsen und Insekten. Vor Kurzem habe ich auch Fleisch von einem Hasen verspeist, der auf der Straße überfahren wurde." Auf einmal würgt der Turmfalke einen Ballen voll Haare und Federn hervor und spuckt ihn mir direkt vor die Füße. „Mahlzeit", rufe ich amüsiert, „die Mäuse und Vögel von gestern, stimmt's?" „Ja, stimmt, ich habe gestern drei Mäuse und einen Spatz gefressen, tut mir leid", antwortet der Turmfalke etwas beschämt. „Das macht doch nichts", erwidere ich großzügig, „ich bin das doch gewöhnt. Auch ich muss fast täglich alle unverdaulichen Reste meiner Nahrung, das Gewölle, auswürgen." Auf einmal hat es der Turmfalke eilig: „Oh, die Sonne geht schon unter, ich muss noch schnell etwas für meine Familie jagen." Wir verabschieden uns kurz, und jeder fliegt seines Weges. Auch für mich wird es Zeit, an Nachwuchs zu denken. Ich schwinge mich in die Lüfte und vollführe wagemutige Sturzflüge. Ich fliege hoch empor, lege die Flügel an, stürze wie ein Stein nach unten und breite wieder meine Flügel aus. Endlich kommt mein Weibchen vom letzten Jahr angeflogen. Wir fliegen in gemeinsamen Kreisen am Himmel und lassen immer wieder unsere miauenden Laute ertönen. So wie letztes Frühjahr fliegen wir zu unserem Nest, ganz oben auf einem Baum. Für unseren Horst, so nennt ihr Menschen das Nest der Greifvögel, sammeln wir einige neue Zweige. Einige Tage später ist es soweit. Mein Weibchen legt drei Eier ins Nest und brütet diese über vier Wochen lang aus. „Ich glaube, die Kleinen kommen bald", ruft sie mir freudig entgegen. Tatsächlich! An einem warmen Frühlingsmorgen schlüpfen unsere Jungvögel aus ihrer Eischale. Sie tragen ein dünnes, weißes Daunenkleid und müssen die ersten Tage von meinem Weibchen gewärmt werden. Meine Aufgabe ist es, auf Beutefang zu gehen. Wir haben dieses Jahr Glück! Es gibt viele Feldmäuse auf der Wiese. Schnell jage ich eine und bringe sie zum Horst. Die Mutter reißt die Maus mit dem Schnabel in kleine Stückchen und füttert unsere immer hungrigen Jungvögel. Nach sechs Wochen verlassen sie den Horst, bleiben aber noch in unserer Nähe. Bis sie das Jagen vollständig beherrschen, werden sie noch von uns gefüttert. Hurra! Geschafft! Endlich sind unsere Kinder selbstständig! Ich freue mich nun, mal wieder gemütlich auf meinem Ansitz zu sitzen und nur allein für mich zu jagen.

Greifvogel (Mäusebussard)
Bilderquiz

1. Wer kann besser sehen, ein Greifvogel oder ein Mensch?

a) ☐ ein Greifvogel   b) ☐ ein Mensch

2. Wo befindet sich das Nest (Horst) eines Greifvogels?

a) ☐ im Gebüsch   b) ☐ hoch oben auf einem Baum

Greifvogel (Mäusebussard)

— Bilderquiz

3. Was fressen Mäusebussard und Turmfalke am liebsten?

a) ☐ Feldmäuse

b) ☐ Heuschrecken

4. Was machen Mäusebussardweibchen, bevor ihre Küken aus dem Ei schlüpfen?

a) ☐ Sie jagen viele Mäuse und Kaninchen.

b) ☐ Sie sitzen im Nest und wärmen die Eier.

Greifvogel (Mäusebussard)
Textquiz

1. Was ist ein „Ansitz"?

a) ☐ So wird das Nest eines Greifvogels genannt.
b) ☐ Das ist der Platz, von dem aus ein Greifvogel nach einer Beute späht.
c) ☐ So wird der Ort genannt, an dem ein Greifvogel seine Beute erlegt.

2. Wie erkennen Greifvögel hoch oben in der Luft, wo viele Mäuse zu finden sind?

a) ☐ An den Urinspuren der Mäuse.
b) ☐ Sie riechen die Mäuse.
c) ☐ An den vielen Mauselöchern.

3. Was versteht man unter „Rüttelflug"?

a) ☐ Der Greifvogel segelt mit ausgereiteten Flügeln am Himmel.
b) ☐ Der Greifvogel „steht" in der Luft. Er schlägt seine Flügel schnell auf und ab.
c) ☐ Der Greifvogel rüttelt während eines Fluges seinen Schwanz hin und her.

4. Was ist ein „Gewölle"?

a) ☐ „Gewölle" nennt man die Kotballen des Greifvogels.
b) ☐ „Gewölle" sind unverdauliche Reste der Nahrung, die der Greifvogel hervorwürgt.
c) ☐ „Gewölle" ist ein Beutetier, das der Greifvogel im Ganzen wieder ausspuckt.

5. Was macht ein Mäusebussardmännchen, um sein Weibchen anzulocken?

a) ☐ Es rüttelt in der Luft und krächzt laut.
b) ☐ Es fängt einen Spatz für sein Weibchen.
c) ☐ Es vollführt wagemutige Sturzflüge.

6. Wie nennt man das Nest der Greifvögel?

a) ☐ Morst
b) ☐ Horst
c) ☐ Dieter

7. Müssen die Jungvögel nach dem Verlassen des Nestes noch gefüttert werden?

a) ☐ Nein, sie sind sofort selbstständig und können sich selbst ernähren.
b) ☐ Nein, sie suchen sich sofort ein eigenes Revier.
c) ☐ Ja, bis sie richtig jagen können, werden sie noch gefüttert.

Kinder lernen Tiere aus Feld und Wiese kennen

Greifvogel (Mäusebussard)

Bewegungsgeschichte

Text	Bewegungsvorschläge
Über einer großen Wiese segelt ein Mäusebussard. Nun bleibt er an einer Stelle stehen und rüttelt mit den Flügeln. Mit seinen scharfen Augen blickt er nach unten. Doch kein Tier ist zu sehen.	*Arme ausbreiten und Kurven laufen – stehenbleiben und die Arme auf- und abbewegen – mit Fingern zwei Kreise vor die Augen halten*
Er fliegt auf einen Ast und putzt sein Gefieder. Dann dreht er seinen Kopf nach allen Seiten. Dort, eine Maus huscht durch das Gras! Der Mäusebussard stürzt nach unten, ergreift die Maus und fliegt auf einen Baum. Mit seinem spitzen Schnabel reißt er kleine Stücke heraus.	*„segeln", stehenbleiben, am Körper zupfen – Kopf drehen – auf eine „Maus" deuten – herabstürzen, „Maus" ergreifen – ein paar Schritte laufen – Kopf ruckartig bewegen, mampfen*
Nun möchte der Mäusebussard ein Weibchen anlocken: Er fliegt hoch empor, legt seine Flügel an und lässt sich fallen. Und noch einmal: Hochfliegen, Flügel zusammenlegen, und fallenlassen: Wie schön, dort drüben kommt sein Weibchen angeflogen. Gemeinsam segeln sie durch die Luft: „Hijäh, hijäh, hijäh …"	*Arme heben, Tempo beschleunigen – Arme einziehen – sich in die Hocke fallen lassen – Wiederholung beliebig oft – auf „Weibchen" deuten – in Kurven „segeln" und immer wieder „hijäh" rufen*
Nun suchen sie den Horst vom letzten Jahr. Wo ist er nur? Ah, hier auf dem Baum. Das Weibchen legt 3 Eier hinein: „Blobb, blobb, blobb." Dann wärmt es die Eier, viele Stunden lang!	*suchend „umherfliegen" und auf dem „Horst" in der Hocke landen – Po heben und senken – kurze Zeit still sein*
Nach 4 Wochen schlüpfen die Kleinen. Mit ihrem Eizahn pressen sie kräftig gegen die Schale: 1-mal, 2-mal, 3-mal! „Pusch!", die Eier zerbrechen. Die Vögelchen schieben sich aus der Schale heraus.	*Hände vor Gesicht falten und 3-mal nach oben schieben – bei „pusch" die Arme in die Luft schleudern – mit dem Oberkörper wackeln*
Nun haben die Kleinen großen Hunger und müssen von den Eltern gefüttert werden.	*Füttern mit verteilten Rollen spielen (siehe unten)*

Tipp: *Verteilen Sie Blätter oder Papiertaschentücher als „Mäuse". So wie bei den echten Mäusebussarden fängt der Vater eine „Maus" und übergibt sie der Mutter. Diese reißt die „Maus" in kleine Stücke und füttert damit ihre Kinder. Wer möchte, kann vorher aus Zweigen einen Horst bauen oder mit einer Decke den Ort des Horstes kennzeichnen.*

Hummel (Erdhummel)

Ausmalvorlage/Steckbrief

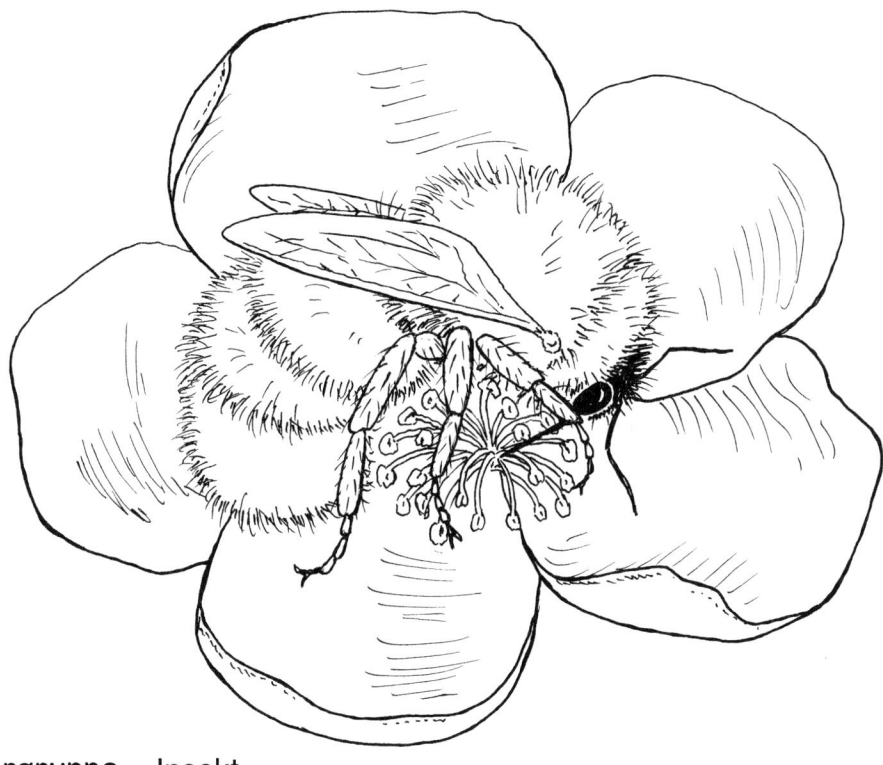

Tiergruppe	Insekt
Systematik	Hummeln gehören zur gleichen Familie wie die Honigbienen.
Verbreitung	Weltweit gibt es etwa 250 Hummelarten, in Deutschland etwa 30. Außer in den Polargebieten, in Australien und in Afrika, südlich der Sahara, kommen sie überall vor.
Aussehen/Merkmale	Wie alle Insekten haben auch Hummeln einen dreigeteilten Körper: 1. Kopf mit Augen, Fühlern und einem langen Saugrüssel; 2. Brust mit Flügeln und 6 Beinen; 3. Hinterleib mit Giftstachel; Hummeln sind ziemlich groß und stark behaart. Die Erdhummel hat 2 orangegelbe Streifen und eine weiße Hinterleibsspitze.
Lebenserwartung	Ein Hummelnest besteht immer nur zwischen Frühjahr und Herbst. Die alte Königin, die Arbeiterinnen und die männlichen Hummeln („Drohnen") sterben im Herbst. Nur die neuen Königinnen überleben den Winter.
Lebensraum	Wiesen, Wälder, Brachland, Hecken, Gärten, Parks; die Nester befinden sich in Erdlöchern von Mäusen, Maulwürfen oder unter Steinen. Ein Nest besteht aus 100 bis 600 Hummeln.
Nahrung	**1. Honig/Nektar:** Die Arbeiterin saugt mit ihrem Saugrüssel Nektar aus Blüten. Im Nest angekommen, würgt sie den Nektar hervor und füllt ihn in ein Töpfchen aus Wachs („Honigtopf"). Der aus dem Nektar entstehende Honig dient als Nahrung für die Königin und die Larven.

Hummel (Erdhummel)

Steckbrief

2. Blütenstaub (Pollen): Wenn sich eine Hummel auf einer Blüte niederlässt, bleibt gelber Blütenstaub an ihrem Haarkleid hängen. Mit den Beinen wird er zusammengebürstet und in die Pollenkörbchen an den Hinterbeinen geschoben. Er dient als zusätzliche Nahrung für die Larven.

Fressfeinde	Vögel, Spinnen
Verteidigung	Hummeln haben zu wenig Kraft, um ihren Stachel durch die Haut von Menschen oder Tieren zu stoßen. Tritt ein Mensch auf eine Hummel, kann es jedoch zu einem Stich kommen, weil der Boden Widerstand bietet. Droht ihnen Gefahr, beißen und stechen sie aber dennoch.
Sinnesorgane	sehr guter Seh- und Geruchssinn; die Farbe rot wird nicht erkannt
Aktivitätszeit	von Sonnenaufgang bis Sonnenuntergang
Revierverhalten	gibt es nicht
Überwinterung	Die neuen Erdhummel-Königinnen überwintern in Erdlöchern.

Nachwuchs

1. Vom Ei zur Larve
Im Sommer des Vorjahres haben sich die neuen Königinnen mit den männlichen Hummeln gepaart. Im Frühjahr baut jede Königin für sich in einem Erdloch „Wachstöpfchen". Das Wachs sondert sie aus ihrem Hinterleib ab. In jeden dieser Töpfe legt sie auf Nektar und Blütenstaub jeweils 8–14 Eier. Dann verschließt sie die Eitöpfchen mit Wachs. Anschließend legt sich die Königin auf diese Brutzellen, um sie warm zu halten. Nach etwa 5 Tagen entwickelt sich aus jedem Ei eine weiße Larve. Zum Füttern der Larven beißt die Königin den Wachsdeckel der Brutzelle auf und verschließt die Brutzelle wieder. Während der 10-tägigen Larvenzeit häutet sich die Larve mehrmals.

2. Von der Larve zur Hummel (Hummel-Arbeiterin)
Die Larve spinnt sich in eine seidene Hülle („Kokon") und wird zur Puppe. Nach etwa 10 Tagen hat sich die Larve im Inneren des Kokons in eine Hummel verwandelt. Die schlüpfende Hummel beißt den oberen Teil ihres Kokons ab und schlüpft heraus. Ihr Körper ist noch nass und weich und muss noch einige Stunden trocknen. Nachdem auch die Flügel trocken und hart geworden sind, kann sie ausfliegen. Sobald die ersten Hummel-Arbeiterinnen geschlüpft sind, helfen diese bei der Aufzucht weiterer Hummeln. Erst Ende des Sommers entwickeln sich die Drohnen, das sind die männlichen Hummeln, und die neuen Königinnen.

Hummel (Erdhummel)

Sachgeschichte

Das war aber ein langer Winter! Noch etwas verschlafen schlüpfe ich aus dem Erdloch, in dem ich ganz allein die Wintermonate verbracht habe. Letzten Sommer wurde ich als Königin in einem Hummelnest mit über zweihundert Hummeln geboren. Ich und die anderen Hummelköniginnen paarten uns mit den männlichen Hummeln, die man auch Drohnen nennt. Nach meiner Hochzeit flog ich noch etwas umher und suchte mir dann ein Erdloch zum Überwintern. Die Drohnen, die alte Königin und die vielen Arbeiterinnen, die in unserem Nest lebten, haben den Winter nicht überlebt. Auch die anderen Königinnen haben in Erdlöchern den Winter verschlafen. Puh, ist das aber kalt hier draußen! Ein Glück, dass wir Hummeln so viele Haare an unserem Körper haben und gegen Kälte gut geschützt sind. So, jetzt fliege ich los: „wwwwww..." Nach so viel Winterruhe tut die Bewegung richtig gut! Mmh! Ich glaube, dort drüben riecht es nach Kirschblüte! Richtig gerochen! Wir Hummeln können übrigens die Farbe Rot nicht erkennen. Alle Blumen erscheinen uns in Blau, in Grün oder in Lila. Ich lande auf der Kirschblüte, stecke meinen langen Saugrüssel hinein und schlürfe den Nektar, die köstliche süße Flüssigkeit im Inneren der Blüte. Während ich sauge, bleibt etwas Blütenstaub an meinem Haarkleid hängen. Den Blütenstaub nennt man auch Pollen. Mit meinen Beinen bürste ich den Pollen zusammen und schiebe ihn in die Pollenkörbchen an meinen Hinterbeinen. Das sieht aus, als ob ich gelbe Höschen an den Beinen hätte. Viele Stunden sauge ich bei verschiedenen Blüten. Oh, schon so spät! Ich muss mir noch ein schönes Erdloch suchen, in dem ich wohnen kann. Hier drüben vielleicht. Ich lande auf einem Grasbüschel und summe ins Loch: „Hallo, hallo, hier spricht Brummi, die Hummel, wohnt hier schon jemand?" Eine brummige Stimme antwortet mir: „Ja, hier gräbt Manfred, der Maulwurf, der Gang ist leider schon besetzt." Ich fliege ein Stückchen weiter und entdecke ein kleines Mauseloch: „Hallo, hallo, hier spricht Brummi, die Hummel, ist hier eine Maus zu Haus?" Ich lausche, aber niemand antwortet. Die Höhle scheint verlassen zu sein. Gut gelaunt schlüpfe ich hinein. Es ist der ideale Ort, um ein neues Hummelnest zu gründen. Sofort beginne ich mit der Arbeit. Ich sammle Moos, Federn und alte Mäusehaare und polstere das Loch aus. Nun scheide ich aus meinem Hinterleib Wachs aus und baue daraus einige Töpfchen. In ein Töpfchen spucke ich aus meinem Magen den Nektar und bereite daraus Honig. Deshalb nennt man dieses Töpfchen auch Honigtopf. In die anderen Töpfchen lege ich

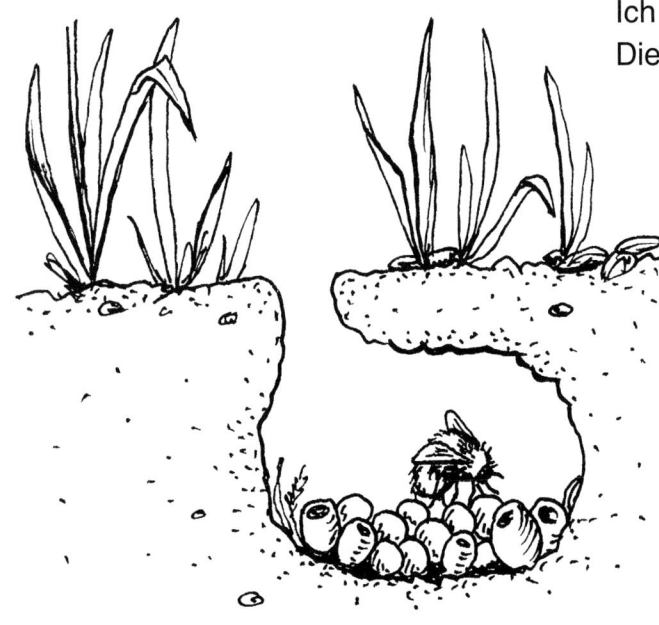

Hummel (Erdhummel)

Sachgeschichte

zuerst Nektar und Blütenstaub. Danach lege ich in jedes der Töpfchen 12 Eier. Damit die Eier es schön warm haben, bekommen die Töpfchen einen Wachsdeckel, und ich lege mich darauf. Mein Honigtopf ist gleich neben mir; immer mal wieder stecke ich meinen Saugrüssel hinein und schlürfe den leckeren Honig. Nach fünf Tagen beiße ich die Eitöpfchen auf, und siehe da, aus den Eiern sind weiße Larven geschlüpft. Ganz unbeweglich und hilflos liegen sie da. Ich füttere sie mit Honig und Blütenstaub, dann verschließe ich die Töpfchen wieder. Zehn Tage später spinnen sich die Larven in eine seidene Hülle. Viele Tage warte und warte ich! Es tut sich gar nichts! Wann schlüpfen endlich die Hummeln? Ich habe nämlich langsam keine Lust mehr, alles allein zu machen. Als ich gerade lustlos an meinem Honigtöpfchen sauge, ist der große Augenblick gekommen: Meine erste Hummel-Arbeiterin schlüpft aus ihrer Hülle. Ihr Körper ist noch ganz weich und nass. „Willkommen in unserem Hummelnest", summe ich ihr fröhlich entgegen. Mit noch schwacher Stimme antwortet sie mir: „Ich muss noch meinen Körper und meine Flügel trocknen, dann gehe ich an die Arbeit." Inzwischen sind auch die anderen Hummeln geschlüpft. Nachdem alle gierig den Honig geschlürft haben, fliegen sie zum Nest heraus und sammeln Nektar und Blütenstaub. Nach der anstrengenden Arbeit ruhe ich mich erst einmal aus und lasse meine Hummel-Arbeiterinnen für mich arbeiten. Nach einigen Stunden kommen sie wieder ins Nest geflogen. Sie bauen neue Wachstöpfchen für die Eier und für den Honig. Nun muss auch ich wieder an die Arbeit. Ich lege viele Eier in die Töpfchen, damit noch viele weitere Hummeln schlüpfen. In Hummelnestern können bis zu 600 Hummeln leben. Meine Arbeiterinnen sind wirklich sehr fleißig. Bei jedem Wetter sind sie bis zu 18 Stunden unterwegs und fliegen an einem einzigen Tag etwa 1000 Blüten an. Der Blütenstaub, der an ihrem Kopf hängenbleibt, gelangt zur nächsten Blüte und befruchtet diese. Erst dadurch können Früchte, wie zum Beispiel Kirschen, wachsen. Ohne uns Hummeln gäbe es viel weniger Obst! Inzwischen ist es September geworden und die neuen Königinnen und die Drohnen sind geschlüpft. Sie paaren sich, so wie ich vor einem Jahr. Endlich kann ich mit dem Eierlegen aufhören und brauche mich nicht mehr um die Larven zu kümmern. Den Winter werde ich „Altkönigin" nicht überleben. Aber seid nicht traurig, Kinder! Die neuen Königinnen werden nächstes Jahr ihre Nester gründen. Darauf könnt ihr euch jetzt schon freuen!

Hummel (Erdhummel)

Bilderquiz

1. Wie saugt eine Hummel Nektar (süße Flüssigkeit) aus einer Blüte?

a) ☐ mit ihrem langen Saugrüssel am Kopf

b) ☐ mit dem Stachel an ihrem Po

2. Wo sammeln Hummeln den Blütenstaub (Pollen)?

a) ☐ auf ihren Flügeln

b) ☐ an ihren Hinterbeinen

Hummel (Erdhummel)

Bilderquiz

3. Wo befindet sich ein Erdhummelnest?

a) ☐ auf einem Kirschbaum zwischen den Blüten

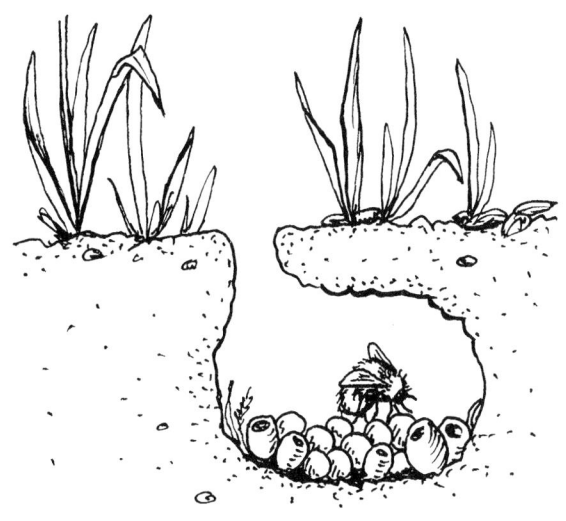

b) ☐ in einer verlassenen Maulwurfs- oder Mausehöhle unter der Erde

4. Wer legt Eier in die Wachstöpfchen?

a) ☐ die Hummelkönigin

b) ☐ viele Hummel-Arbeiterinnen

Hummel (Erdhummel)

Textquiz

1. Wer überlebt den Winter nicht?

a) ☐ die männlichen Hummeln und die Arbeiterinnen
b) ☐ die alte Königin
c) ☐ die neue Königin

2. Welche Farbe können Hummeln nicht erkennen?

a) ☐ blau
b) ☐ grün
c) ☐ rot

3. Was saugen Hummeln aus den Blüten?

a) ☐ Nektar
b) ☐ Blütenstaub (Pollen)
c) ☐ den Honigtau der Blattläuse

4. Hummeln sammeln den Blütenstaub an ihren Hinterbeinen. Wie gelangt er dorthin?

a) ☐ Beim Besuch einer Blüte bleibt der Blütenstaub sofort an den Beinen hängen.
b) ☐ Sie bürsten den Blütenstaub zusammen und schieben ihn in die Körbchen an ihren Hinterbeinen.
c) ☐ Sie schütteln ihren behaarten Körper und fangen den Blütenstaub direkt in ihrem Körbchen an den Hinterbeinen auf.

5. Eine Königin legt ihre Eier in einer verlassenen Mausehöhle ab. Wie macht sie das?

a) ☐ Sie legt die Eier auf den Boden und schüttet Erde darüber, damit sie warm bleiben.
b) ☐ Sie baut Wachstöpfchen, legt Nektar und Blütenstaub hinein und legt darauf die Eier.
c) ☐ Sie legt die Eier auf Mäusehaare und legt Moos darüber.

6. Die Hummel-Arbeiterinnen sind geschlüpft. Wer geht auf Nahrungssuche?

a) ☐ nur die Drohnen (männlichen Hummeln)
b) ☐ die Königin allein
c) ☐ die Hummel-Arbeiterinnen

7. Kreuze die richtigen Antworten an.

a) ☐ Ohne Hummeln gäbe es viel weniger Obst.
b) ☐ Hummeln sind nur bei Sonne unterwegs.
c) ☐ Hummeln sind am Tag viel unterwegs.

Hummel (Erdhummel)

Bewegungsgeschichte

Text	Bewegungsvorschläge
Pst, still sein! Die Erdhummelkönigin schläft unter der Erde, den ganzen Winter lang. Im Frühling fliegt sie heraus. „Www…" Sie sucht ein Loch in der Erde. Wo ist nur eines?	*in der Hocke sitzen, dabei einen Finger auf den Mund legen – „fliegen", dabei Hände schnell auf- und abbewegen*
Dort, ein unbewohntes Mauseloch! Die Königin landet auf dem Boden und kriecht hinein. In jedes Wachstöpfchen legt sie Eier hinein. Nach 3 Wochen schlüpfen die ersten Hummeln. Die Königin legt nochmals Eier in die Töpfchen.	*auf die Becher zeigen – bei den Bechern landen – in jeden Becher einige Steine legen – jedes Kind leert seinen Becher aus – Steine wieder in die Becher legen*
Die geschlüpften Hummeln fliegen aus dem Nest heraus. „Www…" Sie landen auf einer Apfelblüte. Mit ihren langen Saugrüsseln tauchen sie tief in die Blüte und saugen daraus den süßen Nektar. Mmh, lecker!	*„fliegen", dabei Hände auf- und abbewegen – stehenbleiben – Arm als Saugrüssel ausstrecken, schlürfen – Wiederholung (zur nächsten Blüte fliegen, saugen)*
An einer besonders großen Blüte summen sie sehr laut und schlagen wild mit ihren Flügeln. „Www…" Ganz viel Blütenstaub fällt auf ihre Körper. Sie bürsten den Blütenstaub zusammen und schieben ihn zu den Hinterbeinen.	*in hohem Ton „www" summen, dabei wild mit den Händen winken – von oben nach unten Hände wackelnd bewegen – mit den Händen über den Körper in Richtung Füße streichen*
Die Sonne geht gerade unter. Die Hummeln fliegen zu ihrem Nest zurück. Sie schlüpfen in das Mauseloch und spucken den Nektar in den Honigtopf.	*Arme im Halbkreis nach außen führen – „fliegen" wie oben – bei den Bechern landen – Köpfe über die Schüssel beugen, Spucklaut*
Gerade schlüpfen die kleinen Hummeln. Sie beugen sich über den Honigtopf und schlürfen den Honig. Köstlich! Dann fliegen sie aus ihrem Nest heraus und suchen viele Blüten. „Www…"	*Steine aus den Bechern kippen – Köpfe über die Schüsseln beugen, schlürfen – „fliegen" wie oben – Wiederholung von Absatz 2, wer möchte, auch von Absatz 3*

Tipp: *Legen Sie für jedes Kind einen Becher als Wachstöpfchen und ein paar Steine als Eier auf den Boden, daneben eine Schüssel als Honigtopf. Wer möchte, kann als „Erdloch" ein Tuch darüberlegen.*

Igel

Ausmalvorlage/Steckbrief

Tiergruppe	Säugetier
Systematik	Die in Europa lebenden Stacheligel sind die Braunbrustigel (leben in Westeuropa) und Weißbrustigel (leben in Osteuropa). In Deutschland leben nur die Braunbrustigel, daher bezieht sich dieser Steckbrief auf die Braunbrustigel.
Verbreitung	Europa, Afrika, Asien
Aussehen/Merkmale	beige-braunes Stachelkleid, lange spitze Schnauze, schwarze Knopfaugen, kleine runde Ohren, 4 kurze Pfoten mit jeweils 5 Zehen und Krallen zum Graben und Sichkratzen, kleine spitze Zähne, kurzer Stummelschwanz; Igel werden stark von Flöhen und Zecken befallen; sie können gut klettern und schwimmen;

Stacheln:

1. Beschaffenheit eines Stachels: Der einzelne Stachel ist leicht, von innen hohl, biegsam und bricht kaum. Stürze aus einiger Höhe können gut abgefedert werden.

2. Entwicklung der Stacheln: Igelbabys kommen mit weißen und weichen Stacheln auf die Welt. Ab dem 5. Tag sprießen dann kurze beige-braune Stacheln, die weißen Stacheln fallen aus. Ab der 2. Woche beginnt das Wachstum des dauerhaften Stachelkleides und ersetzt die kurzen Stacheln.

3. Stachelanzahl: Ein Igelbaby hat nach der Geburt etwa 100 Stacheln, ein selbstständig gewordenes Jungtier etwa 3000, ein ausgewachsener Igel 6000 – 8000.

Igel
Steckbrief

Lebenserwartung	ungefähr 7 Jahre
Lebensraum	Wiesen, Hecken, Gärten, Parkanlagen
Nahrung	Käfer, Regenwürmer, Ohrwürmer, Schnecken, Hundertfüßler, Tausendfüßler, Spinnen, Larven, Wurzeln, Beeren; gelegentlich auch Mäuse, Frösche und Schlangen (Das Gift der Schlangen macht dem Igel nichts aus.)
Fressfeinde	Dachs, Fuchs, Uhu, Eule, Greifvögel
Verteidigung	Fühlt sich der Igel bedroht, rollt er sich blitzschnell zu einer Kugel und richtet sein Stachelkleid auf. Füchse können dem Igel in aller Regel nichts antun, Uhus können den Igel mit ihren scharfen Krallen töten, Dachse suchen sich die kleine ungeschützte Stelle am Bauch und fressen den Igel von dort heraus auf.
Sinnesorgane	herausragender Geruchssinn und sehr gutes Gehör
Aktivitätszeit	aktiv in der Dämmerung und in der Nacht
Revierverhalten	Igel verteidigen ihr Gebiet nicht.
Überwinterung	Im Herbst frisst der Igel sich ein Fettpolster an. Er baut in Hecken oder Büschen ein geschütztes, kugelförmiges Nest. Als Winterquartier dienen ihm auch Reisig- oder Laubhaufen. Darin rollt er sich zu einer Stachelkugel und verbleibt in dieser Haltung. Gelegentlich wachen Igel auf. Entweder, sie bleiben im Nest, oder sie verlassen ihr Nest und kehren nach einigen Tagen wieder zurück. Während des Winterschlafes verlangsamt sich der Herzschlag des Igels von ungefähr 180 auf 8 Schläge pro Minute. Nach Beendigung des Winterschlafes hat der Igel etwa ein Drittel seines Körpergewichtes verloren.
Nachwuchs	Je nach Witterung und Klima liegt die Paarungszeit etwa zwischen Mai und August. In Deutschland kommen fast alle Igel in den Monaten August und September zur Welt. Durchschnittlich werden 4–5 Junge geboren. Bei der Geburt sind Augen und Ohren geschlossen; diese öffnen sich erst im Alter von 14 Tagen. Nach 3 Wochen stoßen die Zähnchen durch. Die Jungigel werden 6 Wochen gesäugt. Dies geschieht tagsüber, denn nachts geht die Igelmutter auf Futtersuche. Nach 3 Wochen verlassen sie erstmals das Nest, unternehmen kleinere Ausflüge und nehmen dabei auch feste Nahrung zu sich. Mit 6 Wochen sind die Jungtiere selbstständig und zerstreuen sich. Die Männchen kümmern sich nicht um die Aufzucht.

Igel

Sachgeschichte

Vor einem Jahr war ein großer Tag! Der 7. August, der Tag meiner Geburt! Mit meiner Mutter und meinen drei Geschwistern lag ich im warmen Blätternest unter einer dichten Hecke. Direkt nach meiner Geburt sah ich sehr süß, aber auch etwas seltsam aus: Mein Gesicht, mein Bauch und meine Pfoten waren rosa. Meine Augen und Ohren waren noch geschlossen, aber ich hatte schon ungefähr hundert weiße und weiche Stacheln auf meinem Rücken. Nach einigen Tagen bekam ich dunkle, kurze Stacheln. Ich freute mich riesig! Endlich richtige Stacheln wie die Erwachsenen. Doch ich freute mich zu früh! Nach einigen Tagen fielen sie mir wieder aus. „Mama, warum fallen mir meine schönen Stacheln aus?", fragte ich ratlos meine Mutter. „Keine Sorge, mein kleines Igelchen, das endgültige Stachelkleid fängt bald bei dir zu wachsen an. Schau, die ersten Stacheln sprießen schon", beruhigte mich meine Mutter. Tatsächlich! Nach kurzer Zeit hatten wir alle schon viele Hundert lange braune Stacheln mit beiger Spitze auf unserem Rücken. Wir Igelkinder hatten ständig Hunger. Ich nahm Mamas Zitze in den Mund und trank gierig die Milch. Plötzlich hörten wir ein Geräusch an unserem Nest. Mama streckte ihre Nase in die Luft und flüsterte aufgeregt: „Ein Dachs scharrt an unserem Nest." „Woher weißt du das, wir können doch hier drin gar nichts sehen?", flüsterte ich erstaunt. Nachdem sich der Dachs verzogen hatte, atmete Mutter erleichtert auf und erklärte uns: „Wir Igel können sehr gut riechen und hören. Ich habe sofort gerochen, dass es ein Dachs war. Dachse fressen Igel besonders gern, deshalb war ich so aufgeregt. Übrigens müssen wir uns auch vor Füchsen und großen Eulen, wie dem Uhu, in Acht nehmen. „Können wir uns denn nicht irgendwie wehren?", fragte ich Mama neugierig. Statt mir eine Antwort zu geben, zog Mama ihre Beine an den Körper und rollte sich zu einer Stachelkugel zusammen. Meine Geschwister und ich waren begeistert und probierten es gleich selber aus. Über dreißig Mal rollten wir uns ein und wieder auf. Wirklich genial diese Verteidigung!

Nach drei Wochen durften wir endlich unsere Mutter nachts auf ihren Spaziergängen begleiten. Draußen war es sehr dunkel und wir hatten alle großen Hunger. Ich steckte meine Schnauze in die Erde, zog einen Regenwurm heraus und verschlang ihn. Meine Geschwister fraßen viele Spinnen und Schnecken, meine Mutter knackte mit ihren spitzen Zähnen die harte Schale eines Käfers. Stellt euch nur vor!

Igel
Sachgeschichte

Unsere Mutter fraß ungefähr 100 Tiere in dieser Nacht. Plötzlich raunzte Mama mir ins Ohr: „Roll dich ein, da kommt der Fuchs." Blitzschnell rollte ich mich zu einer Kugel und stellte meine Stacheln auf. Der Fuchs rollte mich mit seiner Pfote hin und her. „Aua!", schrie er auf einmal, „diese blöden Stacheln haben mich in die Nase gepiekst!" „Na, hoffentlich kräftig", rief ich schadenfroh. Wütend gab er mir einen Tritt mit seiner Pfote. Nach wenigen Minuten wagte ich es, mich wieder aufzurollen. Vorsichtig schaute ich mich um. Ein Glück, der Fuchs war verschwunden. Die Lust, mich zu fressen, war ihm vergangen. Als wir wieder in unserem Nest lagen, juckte es mich an meinem ganzen Körper. „Mama, mich juckt es dauernd, was soll ich tun?", fragte ich meine Mutter hilflos. „Das sind Flöhe", erklärte mir Mama, „mit denen freundest du dich am besten an, die wird man nicht los." „Haut ab, ihr blöden Flöhe, was wollt ihr alle von mir?", schimpfte ich vor mich hin. Ich hatte keine Lust, mich mit ihnen anzufreunden. Mit meinen Krallen versuchte ich, mich zu kratzen. Das war aber ziemlich schwierig, da mir beim Kratzen und Putzen die Stacheln im Weg stehen. Am nächsten Abend jedoch sprang ich in den Bach, schwamm ein paar Runden und merkte, dass das Jucken sich ein wenig besserte. Als der Sommer zu Ende ging, trennte sich unsere Familie und jeder ging seines Weges.
Vor dem Winterschlaf futterte ich noch einmal ganz viele Tiere in mich hinein und wurde dabei ziemlich fett. Als die Nächte im November sehr kalt wurden, sammelte ich viel Laub und baute mir unter den Sträuchern ein schönes warmes und sicheres Winterschlafnest. Ich rollte mich gemütlich darin ein und schlief ein. Mein Herz schlug immer langsamer, ich atmete weniger und meine Körpertemperatur sank. Gelegentlich wachte ich auf, bewegte mich ein wenig und schlief wieder ein. Im Frühling, als es immer wärmer wurde, wachte ich endgültig auf. Mein Herz schlug allmählich wieder schneller, ich atmete wieder häufiger und mein Körper fühlte sich wärmer an. Immer wieder zitterten meine Beine. Ich war ganz dünn geworden und fühlte mich noch etwas schwach. Nach einigen Stunden war ich stark genug, um das Nest zu verlassen und auf Futtersuche zu gehen. Ich freute mich schon riesig auf die köstlichen Schnecken und Würmer. Ich suchte mir ein Jagdgebiet, in dem es keine Dachse gab. Weil wir erwachsenen Igel Einzelgänger sind, bin ich immer allein unterwegs. Ich habe mittlerweile über 5 000 Stacheln, manche Igel haben sogar 8 000! Jedenfalls ist heute mein Geburtstag, und ich habe schon unzählige leckere Nacktschnecken gefressen. Gibt es an deinem Geburtstag auch Nacktschnecken? Schade, sonst hätte ich mal bei dir vorbeigeschaut!

Igel
Bilderquiz

1. Welche Feinde hat ein Igel?

a) ☐ Mäuse und Störche

b) ☐ Füchse, Dachse und Uhus

2. Was macht ein Igel bei Gefahr?

a) ☐ Er schreit laut und rennt weg.

b) ☐ Er rollt sich zu einer Stachelkugel zusammen.

Igel
Bilderquiz

3. Was frisst ein Igel am liebsten?

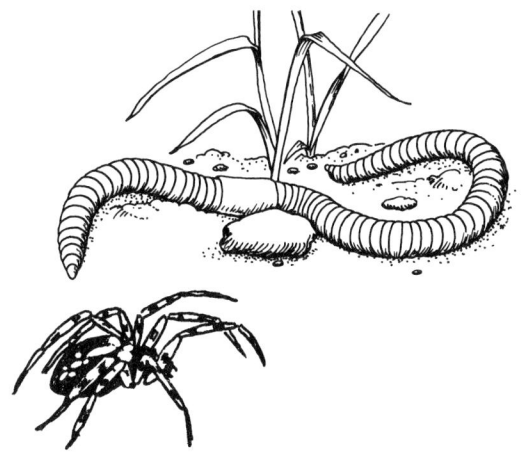

a) ☐ Regenwürmer, Käfer, Spinnen und Schnecken

b) ☐ Karotten

4. Wie verbringt ein Igel den Winter?

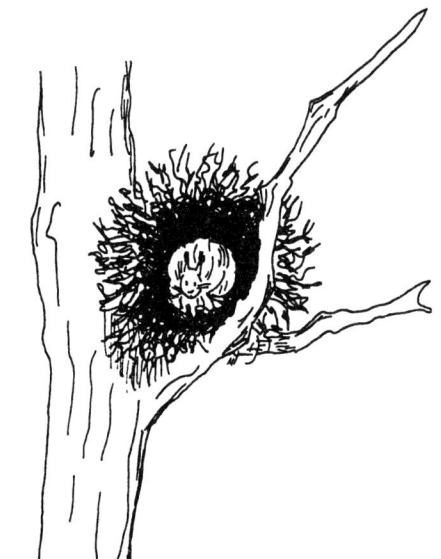

a) ☐ Er verbringt den Winter in einem sicheren, kugeligen Nest oder unter einem Blätterhaufen.

b) ☐ Er schläft eingerollt in einem Eichhörnchennest.

Igel

Textquiz

1. Hat ein Igel direkt nach der Geburt Stacheln?

   a) ☐ Ja, er hat braune Stacheln mit beigen Spitzen.
   b) ☐ Ja, er hat weiße und weiche Stacheln.
   c) ☐ Nein, er kommt ohne Stacheln zur Welt.

2. Was können Igel besonders gut?

   a) ☐ sehr gut riechen
   b) ☐ sehr gut hören
   c) ☐ hervorragend gut sehen

3. Wozu dienen die kleinen spitzen Zähne eines Igels?

   a) ☐ um sich am Fell zu kratzen
   b) ☐ um die harte Schale von Käfern zu knacken
   c) ☐ um Feinde anzugreifen

4. Hat ein Igel Flöhe?

   a) ☐ Ja, er hat viele Flöhe.
   b) ☐ Nein, Flöhe mögen seine Stacheln nicht.
   c) ☐ Durch tägliches Schwimmen verschwinden alle Flöhe.

5. Was macht ein Igel vor dem Winterschlaf?

   a) ☐ Er frisst sehr viel, um möglichst fett zu werden.
   b) ☐ Er schwimmt sehr viel, um schlank zu bleiben.
   c) ☐ Er schläft sehr viel, um ausgeruht zu sein.

6. Was passiert während des Winterschlafes?

   a) ☐ Das Herz schlägt langsamer, und er atmet weniger.
   b) ☐ Die Körpertemperatur des Igels steigt.
   c) ☐ Der Igel verliert an Gewicht und wird sehr dünn.

7. Was fressen Igel besonders gerne?

   a) ☐ Vogeleier
   b) ☐ Hunde
   c) ☐ Schnecken

Igel

Bewegungsgeschichte

Text	Bewegungsvorschläge
Es ist Herbst. Die Blätter fallen von den Bäumen. Der Igel baut sich ein Winterschlafnest. Er rollt sich darin ein und bleibt still liegen. Das Herz schlägt sehr langsam „bumm – bumm – bumm".	*einige Blätter in die Luft werfen – Blätter aufeinanderstapeln – sich auf dem Blätterhaufen einrollen – in langen Abständen „bumm" rufen, dabei eine Hand zur Brust führen*
Im Frühling erwacht der Igel. Der Herzschlag wird schneller: „Bumm – bumm – bumm." Immer wieder zittert sein Körper. Hungrig krabbelt der Igel aus seinem Nest. Genüsslich verschlingt er Regenwürmer, Nacktschnecken und Spinnen.	*schnell hintereinander „bumm" rufen – am ganzen Körper zittern – aus dem „Nest" krabbeln – immer wieder Kopf senken, dabei genüsslich kauen und schmatzen*
Plötzlich schleicht ein Fuchs heran. Schnell rollt sich der Igel zu einer Kugel. Der Fuchs stupst den Igel mit der Nase an. Ist das stachelig! Er rollt den Igel hin und her, aber der Igel bleibt zusammengerollt. Der Fuchs verschwindet.	*„Füchse" schleichen heran – seitlich liegend einrollen – Igel mit der Nase oder der Hand stupsen – „Füchse" rollen „ihren Igel" mit den Händen hin und her*
Der Igel rollt sich auf. Doch schon wieder droht Gefahr. Ein Uhu kommt angeflogen. Immer tiefer fliegt er! Vorsicht, Igel, gleich greift er zu! Schnell versteckt sich der Igel unter einem Holzstoß. Gerade noch einmal Glück gehabt!	*in den Vierfüßlerstand kommen – „Uhus" „fliegen" über die Köpfe der „Igel" und zeigen ihre „Krallen" – „Igel" flüchten und ducken sich*
Auf der Wiese entdeckt der Igel eine Schlange. Er packt sie mit seinen Krallen und beißt sie in den Schwanz. Die Schlange spritzt Gift, doch das macht dem Igel nichts aus. Fröhlich verspeist er sie. Dann rollt er sich ein und schläft bis zum nächsten Abend.	*die „Igel" suchen sich eine „Schlange" und „beißen" sie (nicht wirklich!) in ein Bein – die „Schlange" piekst mit dem Finger den „Igel" (nicht grob sein!) – schmatzen – einrollen, schnarchen*

Tipp: *Falls nicht von Natur aus vorhanden, einige Blätter auslegen. Die Absätze 3–5 mit verteilten Rollen spielen. Eine Hälfte der Kinder spielt die Igel, die andere Hälfte schlüpft in die Rolle der Füchse, Uhus und Schlangen.*

Marienkäfer (Siebenpunkt)

Ausmalvorlage/Steckbrief

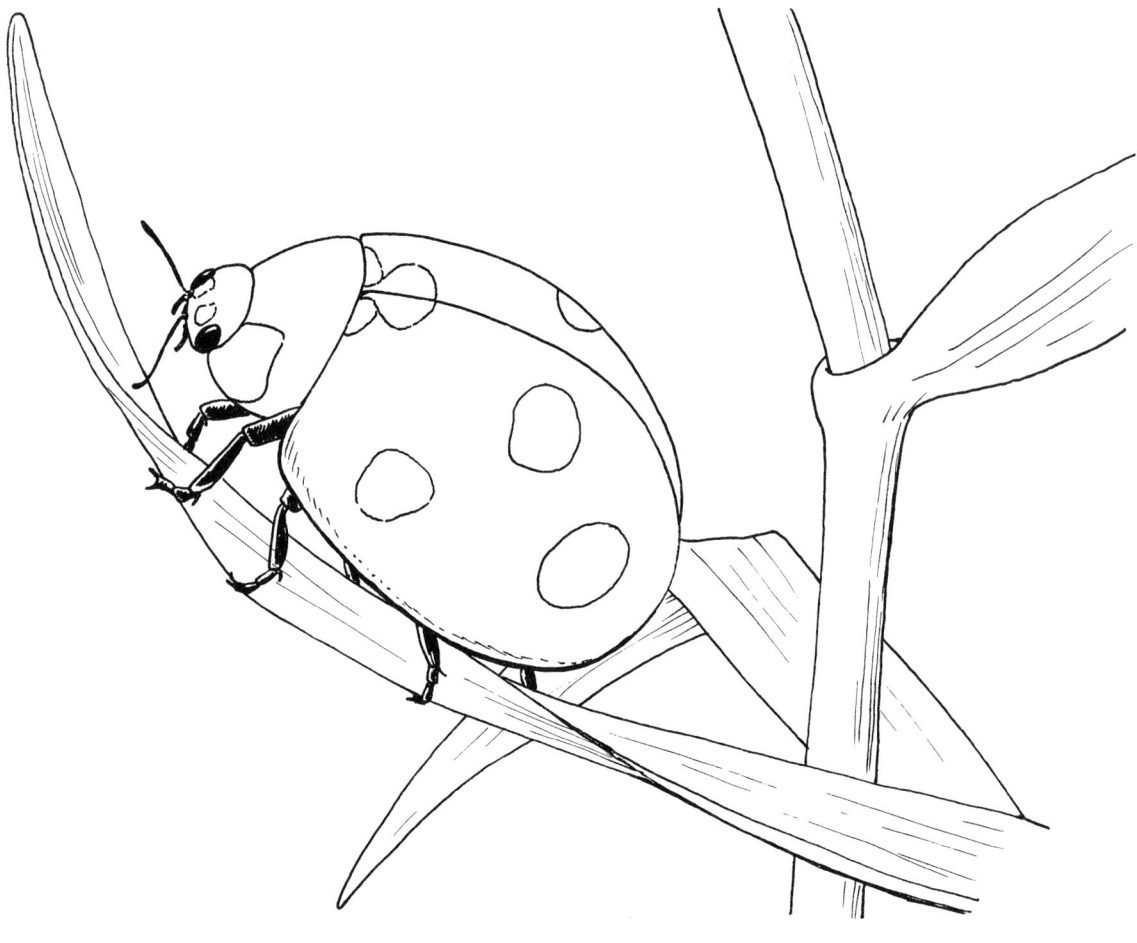

Tiergruppe	Insekt
Systematik	Weltweit gibt es über 4000 Marienkäferarten, in Deutschland leben etwa 80 Arten. Es gibt nicht nur rote Marienkäfer mit schwarzen Punkten (so wie den Siebenpunkt), sondern zum Beispiel auch schwarze Marienkäfer mit roten oder gelben Punkten und gelbe Käfer mit schwarzen Punkten. Es gibt Arten mit bis zu 24 Punkten.
Verbreitung	Europa, Asien, Nordafrika und Nordamerika.
Aussehen/Merkmale	Wie alle Insekten haben auch Käfer einen dreigeteilten Körper: 1. schwarzer Kopf mit schwarzen Augen; zwei kurze Fühler; saugende und beißende Mundwerkzeuge; zwischen den Augen liegen zwei weiße Flecken; 2. schwarzer Brustabschnitt mit zwei weißen Flecken und 6 Beinen; 3. Der Hinterleib und die durchsichtigen Flügel sind von zwei roten, harten Flügeldecken mit 7 schwarzen Punkten bedeckt; auf den Flügeldecken sind 2 weiße Flecken zu sehen.
Lebenserwartung	Marienkäfer können bis zu 3 Jahre alt werden.
Lebensraum	Wiesen, Felder, Wälder, Gärten, Parkanlagen

Marienkäfer (Siebenpunkt)

— Steckbrief

Nahrung	Blattläuse (Die Larven fressen etwa 400, erwachsene Käfer ungefähr 5000 in ihrem Leben). Bevor der Marienkäfer eine Blattlaus frisst, spritzt er ein wenig Verdauungssaft in sie hinein, um sie weicher zu machen.
Fressfeinde	Spinnen, Vögel, räuberische Käfer, Eidechsen, Ameisen. Da Ameisen den zuckerhaltigen Saft („Honigtau") der Blattläuse trinken, versuchen sie, die Marienkäfer und deren Larven von den Blattläusen zu vertreiben.
Verteidigung	Die leuchtend rote Farbe zeigt Feinden an, dass Marienkäfer bitter schmecken. Bei Gefahr sondern sie eine giftige Flüssigkeit aus ihren Beinen ab. Sie können sich auch tot stellen.
Sinnesorgane	Marienkäfer spüren die Blattläuse über den Geruch auf. Aus der Nähe benutzen sie ihre Augen. Die Marienkäferlarven sehen kaum etwas und können ihre Beute riechen.
Aktivitätszeit	Marienkäfer sind tagsüber aktiv.
Revierverhalten	gibt es nicht
Überwinterung	Marienkäfer überwintern in großen Gruppen unter Laub, Moos und Steinen, in modrigen Baumstümpfen, Mauerspalten und manchmal auch in Gebäuden.
Nachwuchs	**1. Vom Ei zur Larve:** Im Frühjahr paart sich das Männchen mit mehreren Weibchen. Kurze Zeit später legt das Weibchen kleine gelbe Eier auf eine Pflanze in der Nähe einer Blattlauskolonie. Nach 5–8 Tagen zerreißen die inzwischen grau gewordenen Eier, und kleine, blaugrau gefärbte und rot gefleckte Larven schlüpfen heraus. Die leere Eihülle fressen sie nach dem Schlüpfen auf. Anschließend erkunden sie die Umgebung und gehen auf Blattlausjagd. Innerhalb von 20 Tagen häutet sich eine Larve 4-mal. Dabei bleibt die alte Hülle einfach an der Pflanze hängen. **2. Von der Larve zum Marienkäfer:** 3–6 Wochen nach dem Schlüpfen sondert die Larve an ihrem Hinterleib eine Flüssigkeit ab und klebt sich an einem Blatt fest. 8 Tage rührt sie sich nicht mehr. Die Larve nennt man in diesem ruhenden Zustand „Puppe". Unter der Puppenhaut verwandelt sich die Larve in einen Marienkäfer. Die Puppenhaut platzt auf, und ein gelber Marienkäfer ohne Punkte schlüpft heraus. Der Käfer breitet seine durchsichtigen Flügel aus und lässt sie von der Sonne trocknen. Während die Flügel trocknen, wandelt sich die gelbe Farbe in Orange und die schwarzen Punkte erscheinen. Richtig dunkelrot werden die Flügeldecken erst einige Stunden später.

Marienkäfer (Siebenpunkt)
Sachgeschichte

Habt ihr schon einmal einen Marienkäfer auf eurem Finger gehabt? So ein süßer kleiner Marienkäfer bin nämlich ich: rot mit sieben schwarzen Punkten auf dem Rücken. Gerade bin ich aus meinem Winterschlaf erwacht. Hier unter dem Laub habe ich mit vielen anderen Marienkäfern den Winter verbracht. Langsam und noch etwas steif krabble ich unter dem Laub hervor. Mal sehen, ob das Fliegen noch funktioniert. Zuerst hebe ich meine roten Flügeldecken, dann breite ich meine darunterliegenden Flügel aus und fliege los. Juchhu, ich kann fliegen, genauso gut wie letztes Jahr. Auf einer großen Wiese neben dem Kornfeld lande ich auf einem Pflanzenstängel. Neugierig schaue ich mich um. Hoffentlich sind die vielen Blattläuse wieder da. Blattläuse sind nämlich meine absolute Lieblingsspeise. Ich habe Glück! Da läuft mir doch schon die erste Blattlaus über den Weg! Als Erstes packe ich sie mit meinen starken Kiefern, dann spritze ich ihr ein wenig Speichel in den Körper, um sie weich zu machen. Mmh, lecker! Läusebrei! Nach so vielen Wintermonaten ohne Nahrung ist die erste Blattlaus doch immer die beste.

Dadurch, dass ich Blattläuse fresse, nütze ich den Pflanzen. Diese kleinen Tierchen saugen die Pflanzensäfte und schaden deshalb den Pflanzen. Die Menschen mögen uns Marienkäfer, weil wir auf natürliche Weise diese Blattlausschädlinge bekämpfen. Gerade will ich in eine besonders dicke Blattlaus beißen, als ich plötzlich einer Ameise gegenüberstehe. Sie hat den Kopf drohend erhoben und ihre scharfkantigen Mundwerkzeuge direkt auf mich gerichtet: „Verschwinde von meiner Blattlauskolonie", zischt sie ärgerlich, „sonst beiße ich dir in den Po und schmeiße dich vom Blatt herunter." „Nur weil du den süßen Honigtau der Blattläuse trinkst, gehören dir noch lange nicht die Blattläuse", erwidere ich unfreundlich und sondere eine gelbliche Flüssigkeit aus meinen Beinen ab. „Igitt, das stinkt ja fürchterlich!", ruft die Ameise angewidert und ergreift sofort die Flucht. Noch einmal Glück gehabt! So schnell vertreiben lasse ich mich nicht. Doch ich habe mich zu früh gefreut. Beim Verschlingen meiner neunundsechzigsten Blattlaus kommt ein Vogel angeflogen und will gerade nach mir picken. Jetzt aber schnell! Blitzartig lasse ich mich auf den Rücken zu Boden fallen, ziehe meine Beine an und stelle mich tot.

Der Vogel fliegt weiter, denn einen toten Käfer mag er nicht fressen. Ich richte mich wieder auf und krabble an der Pflanze hoch. Oben angekommen, landet plötzlich ein Marienkäfermännchen neben mir. Er will sich mit mir paaren und krabbelt einige Male um mich herum. Als ich es ihm erlaube, steigt er auf meinen Rücken und fliegt kurze Zeit später wieder davon. In den nächsten Tagen und Wochen lege ich viele gelbe Eier auf Pflanzen. Immer fünfzig Stück, schön nebeneinandergereiht. Nachdem ich wochenlang viele Hundert Eier gelegt habe, lasse ich mich auf einer Sonnenblume nieder. Plötzlich krabbelt

Marienkäfer (Siebenpunkt)

Sachgeschichte

ein dunkles Tierchen mit roten Flecken an mir vorbei. „Wer bist du denn?", frage ich es neugierig. „Ich bin eine Larve und vor vier Wochen aus einem gelben Ei geschlüpft. Seitdem habe ich schon viele Blattläuse gefressen und mich mehrmals gehäutet." „Bist du wirklich aus einem gelben Ei geschlüpft?", frage ich das Tierchen ungläubig. „Ja, ganz sicher", erwidert das Kerlchen. Einen kurzen Augenblick überlege ich: „Wenn du wirklich aus einem gelben Ei geschlüpft bist, dann könnte ich ja deine Mutter sein. Aber weshalb siehst du dann nicht aus wie ein Marienkäfer?" „Das weiß ich auch nicht", antwortet die Larve ratlos, „aber man hat mir gesagt, dass ich nicht immer eine Larve bleiben werde, sondern mich bald in ein anderes Tier verwandeln werde. Hast du Lust, bei mir zu bleiben und meiner Verwandlung zuzusehen?" „Ja, gerne", antworte ich erfreut und verschlinge die hundertste Blattlaus an diesem Tag. Nach dieser Köstlichkeit suche ich die Larve. Wo ist sie nur hin? Ah, dort drüben! Doch sie krabbelt gar nicht mehr. Neugierig fliege ich zu ihr.

Mit ihrem Hinterleib hat sie sich an ein Blatt geklebt und rührt sich nicht mehr. „He, Larve, hörst du mich? Was ist mit dir, bist du tot?", rufe ich aufgeregt. Keine Antwort. Ich stupse den leblosen Körper mit meinen Beinchen. Nichts passiert. Die Tage vergehen, die Larve frisst nichts und rührt sich keinen Millimeter. Ich gehe aber immer wieder nach ihr sehen. Doch plötzlich bewegt sich der starre Körper. Aufgeregt sehe ich zu, was geschieht. Die Haut des Körpers reißt entzwei. Aus der Hülle schlüpft ein gelber Käfer ohne Punkte. „Geht es dir gut?", frage ich das geschlüpfte Tier. Mit noch schwacher Stimme antwortet es: „Danke, es geht mir gut, ich lasse nur noch meine Flügel von der Sonne trocknen." Während die Flügel trocknen, sehe ich etwas Erstaunliches. Auf seinem Körper erscheinen sieben schwarze Punkte, und die gelben Flügeldecken werden langsam orange. Einige Stunden später haben sie sich dunkelrot gefärbt. Nun sieht er aus wie ein echter Marienkäfer. Zur Feier des Tages ziehen wir los und lassen uns die Blattläuse doppelt gut schmecken.

Marienkäfer (Siebenpunkt)

Bilderquiz

1. Was frisst ein Marienkäfer am liebsten?

a) ☐ Pflanzen

b) ☐ Blattläuse

2. Ein Vogel will nach einem Marienkäfer picken. Was macht der Marienkäfer?

a) ☐ Er lässt sich auf den Rücken fallen und stellt sich tot.

b) ☐ Er fliegt dem Vogel auf den Kopf.

Marienkäfer (Siebenpunkt)

Bilderquiz

3. Eine Marienkäferlarve ist 4 Wochen alt. Was macht sie, um ein richtiger Marienkäfer zu werden?

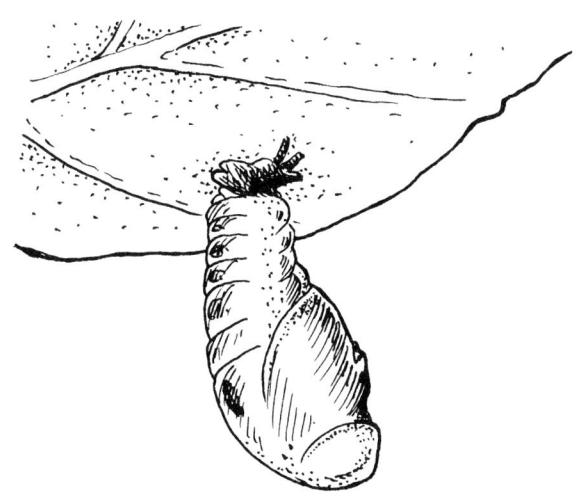

a) ☐ Sie klebt sich mit ihrem Hinterleib an ein Blatt und rührt sich nicht mehr.

b) ☐ Sie setzt sich auf einige Blattläuse und lässt sich umhertragen.

4. Die starre Haut einer Larve reißt entzwei. Was schlüpft heraus?

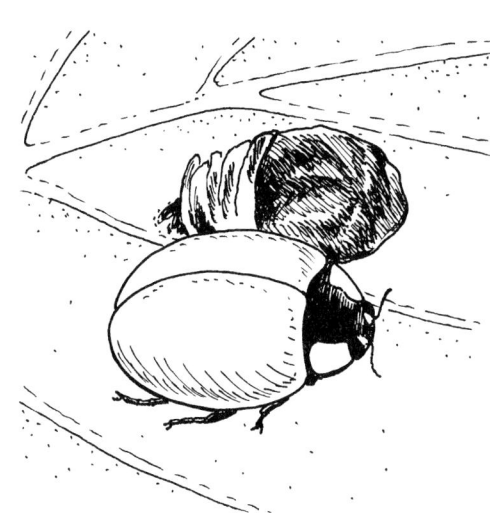

a) ☐ ein roter Käfer mit schwarzen Punkten

b) ☐ ein gelber Käfer ohne Punkte

Marienkäfer (Siebenpunkt)

Textquiz

1. Wie verbringt ein Marienkäfer den Winter?

   a) ☐ Er hängt sich an eine Pflanze in der Nähe einer Blattlauskolonie.
   b) ☐ Er krabbelt unter Laub.
   c) ☐ Er besucht die Erdkröte in ihrem Erdloch.

2. Was fressen Marienkäfer am liebsten?

   a) ☐ Blattläuse
   b) ☐ Vögel
   c) ☐ Salat

3. Weshalb schaden Blattläuse den Pflanzen, und Marienkäfer nützen ihnen?

   a) ☐ Marienkäfer saugen Pflanzensäfte, und Blattläuse fressen Marienkäferlarven.
   b) ☐ Blattläuse saugen Pflanzensäfte, und Marienkäfer fressen Blattläuse.
   c) ☐ Blattläuse zertrampeln die Pflanzen, und Marienkäfer trinken den Honigtau der Blattläuse.

4. Wie verteidigt sich ein Marienkäfer gegen seine Feinde?

   a) ☐ Er sondert eine stinkende gelbe Flüssigkeit aus den Beinen ab.
   b) ☐ Er stellt sich tot.
   c) ☐ Er sticht dem Feind seine Fühler ins Auge.

5. Was macht eine Marienkäferlarve?

   a) ☐ viele Blattläuse fressen
   b) ☐ von Blatt zu Blatt fliegen
   c) ☐ sich mehrmals häuten

6. Wie viele Blattläuse frisst ein Marienkäfer ungefähr am Tag?

   a) ☐ 10
   b) ☐ 50
   c) ☐ 100

7. Was macht ein gelber Marienkäfer nach dem Schlüpfen?

   a) ☐ Er geht sofort auf Blattlausjagd.
   b) ☐ Er fliegt sofort los.
   c) ☐ Er lässt seine Flügel in der Sonne trocknen.

Marienkäfer (Siebenpunkt)

Bewegungsgeschichte

Text	Bewegungsvorschläge
Ein Marienkäferweibchen geht an einem sonnigen Tag spazieren. Auf einem schönen Blatt legt sie 50 gelbe Eier ab: „Blobb, blobb …" Die Sonne scheint auf die Eier, und plötzlich zerreißen sie. Kleine Larven schlüpfen heraus. Sie haben großen Hunger auf Blattläuse.	*umherkrabbeln – anhalten, den Po heben und senken – mit den Armen einen Kreis formen, die Arme ruckartig zur Seite schleudern – Kletterbewegung mit den Händen nach oben*
Blind versuchen sie, die Blattläuse zu riechen. Ah, hier krabbeln welche. „Mampf, mampf!" Ungefähr 4 Wochen lang fressen die Larven etwa 400 Blattläuse. Zwischendurch häuten sie sich. Dabei streifen sie einfach ihre alte Haut ab.	*mit geschlossenen Augen umherkrabbeln – immer wieder mampfen – mehrmals die Hände seitlich am Körper von oben nach unten streifen (= häuten)*
Eines Tages klebt sich eine Larve an ein Blatt. 8 Tage lang rührt sie sich nicht. Plötzlich reißt die Haut und ein gelber Marienkäfer schiebt sich aus der Hülle. Er breitet seine Flügel zum Trocknen aus. Dann fliegt er davon. Hui!	*den Oberkörper zum Boden – still sein, bis 8 zählen – die Schultern abwechselnd nach vorn schieben (= aus der Hülle schieben) – die Arme ausbreiten – „davonfliegen"*
Auf einem Pflanzenstängel lässt er sich nieder. Was wird er wohl suchen? Richtig! Viele, viele Blattläuse. Oh nein! Eine Spinne nähert sich! Der Marienkäfer stellt sich tot. Ein Glück, die Spinne verschwindet.	*am Boden landen – Fressgeräusche – auf die „Spinne" zeigen – auf den Rücken legen, Arme und Beine regungslos in die Luft strecken – sich umdrehen*
Was sieht er denn da? Ganz viele Ameisen melken gerade ihre Blattläuse. „Hallo, ihr Ameisen, jetzt kommt euer Blattlausfresser, der kleine Marienkäfer. Geht mal runter von den Läusen, ich habe großen Hunger."	*zu zweit zusammengehen: „Blattlaus" im Vierfüßler, „Ameise" legt die Hände auf den Rücken der „Blattlaus" und schlürft immer wieder*

Erläuterung zum Begriff „melken":
Um die Ausscheidungen der Blattläuse zu trinken, streicheln und kitzeln die Ameisen die Blattläuse, die dann den süßen Honigtau absondern. Im letzten Absatz spielen je zwei Kinder Ameise und Blattlaus. Der Erzähler spielt den Marienkäfer und versucht, die Ameisen zu vertreiben. Mal sehen, wer gewinnt!

Kinder lernen Tiere aus Feld und Wiese kennen

Maulwurf

Ausmalvorlage/Steckbrief

Tiergruppe	Säugetier
Systematik	Der Europäische Maulwurf ist der einzige in Deutschland vorkommende Vertreter der Familie der Maulwürfe. Er gehört zur Ordnung der Insektenfresser.
Verbreitung	Europa, Asien
Aussehen/Merkmale	walzenförmiger Körper; weiches, glänzend schwarzes Fell; kurzer, kaum sichtbarer Hals; kurze Hinterbeine; kurzer Schwanz; kleine, schwarze, im Fell versteckte Augen; winzige Ohren; lange, sehr bewegliche Schnauze. Die Vorderfüße sind große Grabschaufeln und haben außergewöhnlich starke Muskeln. An den Grabhänden sitzen 5 Finger mit je 5 Krallen. An der Handfläche befindet sich ein besonderer Knochen, das Sichelbein, welches die Hand noch weiter verbreitert und kräftigt. Grabgeschwindigkeit: bis zu 7 Meter pro Stunde, Laufgeschwindigkeit durch die Gänge: bis zu 70 Meter pro Minute
Kraft	Der Maulwurf kann etwa das 30-fache seines Körpergewichts anheben. Ein 100 Kilogramm schwerer Mensch müsste dazu 3000 Kilogramm anheben.
Fell	Das Fell des Maulwurfs liegt in keiner festen Richtung. Es kann sich beim Rückwärtskriechen nach vorn legen.
Lebenserwartung	3–5 Jahre

Maulwurf

— Steckbrief

Lebensraum	Wiesen, Laubwälder, Felder, Gärten. Die Gänge der Maulwürfe verlaufen dicht unter der Oberfläche, bei Frost oder bei großer Trockenheit können sie bis etwa 60 Zentimeter tief reichen. Der Maulwurf gräbt außerdem Schlafkammern, Vorratskammern und Nester für die Nachkommen. Die Erde, die er dabei aushebt, wird schräg nach oben als „Maulwurfshügel" an die Oberfläche gedrückt. Durch die lockere Erde der Maulwurfshügel kann frische Luft in die Gänge eindringen. An die Erdoberfläche kommen Maulwürfe nur, wenn sie durch wenig Nahrung oder große Trockenheit dazu gezwungen werden.
Nahrung	Regenwürmer, Schnecken, Spinnen, Käfer, Insektenlarven; gelegentlich Frösche und junge Mäuse. Um einen Vorrat anzulegen, beißt der Maulwurf die Köpfe von Regenwürmern ab, um sie am Fortschlängeln zu hindern.
Fressfeinde	Wiesel, Iltisse, Füchse, Marder, Dachse, Vögel
Verteidigung	Gefahr für den Maulwurf besteht nur, wenn er an die Erdoberfläche kommt. Dort ist er seinen Feinden hilflos ausgeliefert.
Sinnesorgane	Der Maulwurf sieht zwar nicht besonders gut, ist aber nicht blind. Er kann hell und dunkel unterscheiden. Mit seiner sehr empfindlichen Schnauze kann er hervorragend riechen und tasten. Seine Ohren kann er durch Hautfalten verschließen.
Aktivitätszeit	Maulwürfe sind unabhängig von Tag und Nacht aktiv. Ihre Wachphasen dauern etwa 4 bis 5 Stunden. Währenddessen durchstreifen sie ihre Gänge auf der Suche nach Essbarem.
Revierverhalten	Außerhalb der Paarungszeit und Aufzucht der Jungen sind Maulwürfe Einzelgänger.
Überwinterung	ganzjährig aktiv
Nachwuchs	Die Paarungszeit fällt in die Zeit von März und April. Das Maulwurfweibchen legt eine Nestkugel von ca. 20 cm an. Es holt von der Erdoberfläche Blätter und Gräser und polstert das Nest damit aus. Nach einer Tragzeit von 3–4 Wochen kommen zwischen April und Mai 2–6 Jungen zur Welt. Die bohnengroßen Neugeborenen sind zunächst nackt, rosig und blind. Sie werden 4–6 Wochen gesäugt, das Fell wächst nach etwa 2 Wochen. Im Alter von 1–2 Monaten verlassen sie das Nest und beginnen ihr Leben als Einzelgänger. Nach 6–12 Monaten sind die Maulwürfe geschlechtsreif.

Maulwurf

Sachgeschichte

Jetzt habe ich mir aber eine Pause verdient! Erschöpft lege ich mich auf den Boden und ruhe mich etwas aus. Vier Stunden lang habe ich nun schon an meinem unterirdischen Gang gebuddelt. Für uns Maulwürfe ist das ganz schön anstrengend. Wir buddeln das ganze Jahr über, auch im Winter. Ein Glück, dass wir zwei große und kräftige Grabhände besitzen. Mit diesen graben wir uns Stück für Stück unter der Erde voran. Immer wieder drücken wir mit unseren Händen die Erde an die Erdoberfläche. Sicherlich habt ihr schon mal solche Maulwurfshügel gesehen.

Mit meinen winzigen Augen sehe ich nicht besonders gut, aber das muss ich auch gar nicht, denn unter der Erde ist es sowieso dunkel. Schaue ich mal zu euch ans Tageslicht, spüre ich mit meinen Augen die Helligkeit. Mit meiner langen Schnauze rieche und fühle ich besonders gut.

So, jetzt bin ich wieder fit und kann wieder an die Arbeit gehen. Wo errichte ich am besten meine Schlafkammer? Ah, hier ist eine schöne Stelle. Mit meinen Grabhänden lockere ich die Erde und schiebe sie seitlich nach oben. Ich bin wirklich ein starkes und fleißiges Kerlchen.

Gerade will ich an der Spitze meines Maulwurfshügels Luft schnappen, als ich eine unangenehme, laute Stimme höre: „Elfriede, sieh mal diese hässlichen Maulwurfshügel in unserem Garten, wir müssen dagegen unbedingt etwas unternehmen." Erschrocken ziehe ich mein Köpfchen ein und horche gespannt weiter. „Was willst du denn tun, Herbert? Etwa unter die Erde kriechen und den Maulwurf fangen?", antwortet Elfriede lachend. „Mach dich nicht über mich lustig, ich meine es ernst", regt sich Herbert über seine Frau auf und ruft erschrocken: „Oh nein, es hat geklingelt, es ist sicherlich Oma, die unseren neuen Garten bestaunen möchte." Plötzlich höre ich wieder eine Stimme, anscheinend von der Oma: „Euer Rasen schaut ja wirklich schlimm aus. Habt ihr denn schon eine Maulwurfsfalle aufgestellt?" „Natürlich nicht", empört sich Elfriede, „der Maulwurf steht unter Naturschutz. Niemand darf ihn fangen oder töten."

Beleidigt antwortet Oma: „Ich wollte euch ja nur helfen. Ihr müsst ja mit diesen grässlichen Hügeln leben. Nicht einmal den Rasen kann man mehr ordentlich mähen." „Da hat meine Mutter allerdings recht", mischt sich nun Herbert ein. Streitend gehen alle ins Haus, sodass ich nichts mehr hören kann. Nachdenklich krabble ich zurück in meinen Gang. Was haben die Menschen nur gegen mich, denke ich traurig. Nur wegen diesen Erdhügeln braucht man sich doch nicht so aufzuregen. Wenigstens Elfriede hat zu mir gehalten. Trotzdem fühle ich mich in diesem Garten nicht mehr wohl. Ich überlege, was ich tun soll. Am besten, ich grabe in Richtung Wiese, dort stören die Hügel wenigstens niemanden. Aber was mache ich nur mit meiner Vorratskammer?

Maulwurf
Sachgeschichte

Dort liegen über vierhundert Regenwürmer. Allen musste ich nach dem Fangen den Kopf abbeißen, damit sie sich nicht fortschlängeln können. Sie müssen eben mit mir umziehen. Den ganzen Nachmittag grabe ich durch den Garten, bis ich endlich die Wiese erreicht habe. Dort buddle ich eine neue Vorratskammer, laufe zurück zur alten, stecke einige Regenwürmer ins Maul und bringe sie zur neuen Kammer. Über 100-mal laufe ich den Gang entlang. Erschöpft lasse ich die letzten Regenwürmer aus meiner Schnauze fallen und schlafe sofort ein. „Hilfe, nein, nicht fangen! Lass meinen Schwanz los, du scheußliche Oma!" Erschrocken wache ich auf und versuche, nach „Oma" mit meinen spitzen Zähnen zu schnappen. Doch ich schnappe ins Leere, denn ich hatte nur geträumt. Auf einmal spüre ich ein Zwicken im Bauch. „Oh, nein, die Maulwurfskinder kommen bald zur Welt", schießt es mir durch den Kopf. Vor lauter Umziehen habe ich sie ganz vergessen. So schnell wie noch nie grabe ich eine Nestkammer, flitze an die Erdoberfläche und ziehe mit meiner Schnauze einige Blätter und Gräser ins Nest. Als ich mich auf die weiche Unterlage lege, rutschen auch schon eins, zwei, drei, vier winzige Maulwürfchen aus meinem Bauch heraus. „Willkommen in der Erde", begrüße ich meine süßen Kinder. Ganz nackt und nur so groß wie Bohnen liegen sie mit geschlossenen Augen neben mir. Zärtlich schlecke ich ihren Körper ab und lasse sie an meinen Zitzen trinken. Jetzt bin ich richtig froh, dass ich aus dem Garten ausgezogen bin. Auch meine Jungen sollen niemals in eine Maulwurfsfalle geraten. Mehrmals täglich trinken sie meine Milch und werden immer größer. Mit zwei Wochen beginnt ihr Fell zu wachsen, und sie öffnen ihre Augen. Als sie vier Wochen alt sind, begleiten sie mich das erste Mal auf Regenwurmjagd. „Mmh, lecker dieser Wurm", ruft mein Erstgeborener begeistert und verschlingt ihn mit großem Appetit. „Was können wir denn sonst noch fressen?", möchte meine Zweitgeborene wissen. „Wir Maulwürfe fressen auch gerne Schnecken, Käfer oder Insektenlarven, aber am allerliebsten Regenwürmer", erkläre ich meinen Kindern.
Als sie 5 Wochen alt sind, wollen sie das Nest verlassen. Ich umarme sie zum Abschied und gebe ihnen noch einen Rat: „Ihr könnt graben, wo ihr wollt, aber nicht im Garten von Herbert und Elfriede. Die mögen keine Maulwurfshügel." „Ist schon gut, Mami, wir kommen gut alleine zurecht", ruft eines meiner Kinder und gibt mir einen Kuss. Gut gelaunt trennen wir uns und graben uns in alle Himmelsrichtungen.

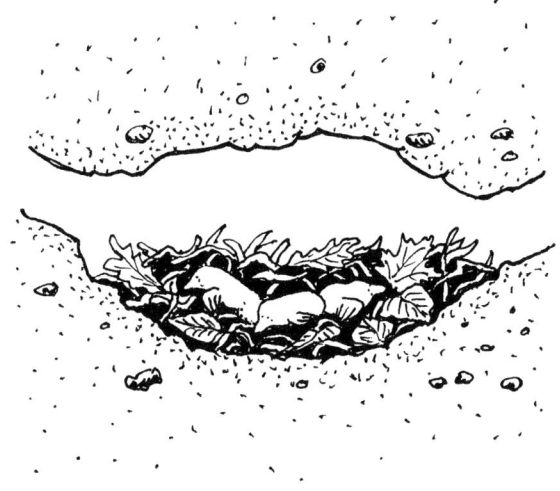

Maulwurf

Bilderquiz

1. Was benutzt ein Maulwurf zum Graben?

a) ☐ seine großen kräftigen Grabhände

b) ☐ seine Hinterbeine und seinen dicken Schwanz

2. Hält ein Maulwurf Winterschlaf?

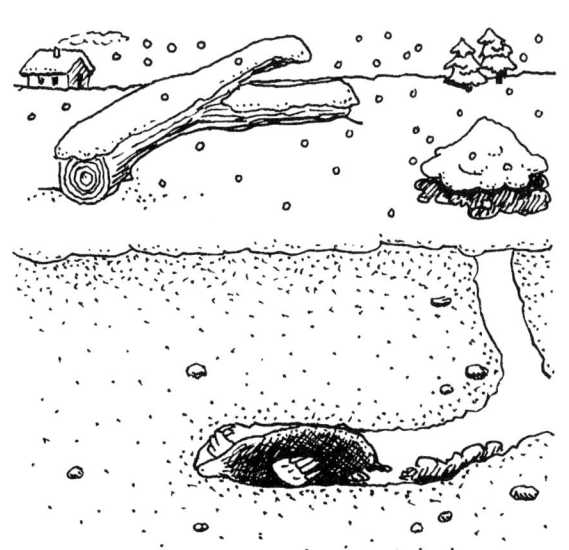

a) ☐ Ja, er legt sich im Herbst in seine Schlafkammer und schläft bis zum Frühjahr.

b) ☐ Nein, er gräbt auch im Winter.

Maulwurf
Bilderquiz

3. Wo kommen Maulwurfkinder zur Welt?

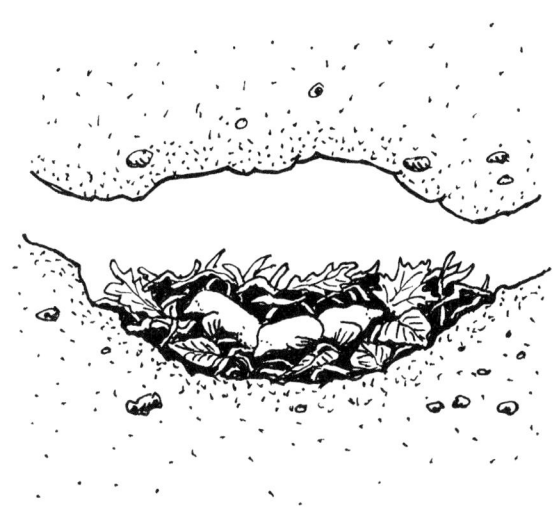

a) ☐ in einer ausgepolsterten Nestkammer unter der Erde

b) ☐ in der Vorratskammer mit vielen Regenwürmern

4. Was fressen kleine Maulwürfe nach der Geburt?

a) ☐ Sie trinken Milch bei ihrer Mutter.

b) ☐ Die Mutter füttert sie sofort mit kleinen Regenwürmern.

Maulwurf

Textquiz

1. Sind Maulwürfe blind?

a) ☐ Ja, sie können gar nichts erkennen.
b) ☐ Nein, sie können hell und dunkel unterscheiden.
c) ☐ Nein, sie können genauso gut sehen, wie Menschen.

2. Wie entstehen Maulwurfshügel?

a) ☐ Der Maulwurf drückt die Erde mit dem Kopf nach oben.
b) ☐ Der Maulwurf schiebt die Erde mit seinen Grabhänden nach oben.
c) ☐ Der Maulwurf sammelt an der Oberfläche Erde und baut einen Hügel.

3. Ist es erlaubt, Maulwürfe zu fangen oder zu töten?

a) ☐ Nein, sie stehen unter Naturschutz.
b) ☐ Ja, die Maulwurfshügel stören beim Rasenmähen.
c) ☐ Ja, aber nur mit der Maulwurfsfalle.

4. Was tun Maulwürfe, bevor sie Regenwürmer in ihre Vorratskammer legen?

a) ☐ Sie beißen den Regenwürmern die Schwänze ab.
b) ☐ Sie beißen den Regenwürmern die Köpfe ab.
c) ☐ Sie legen keinen Vorrat an, sondern fressen die Würmer alle sofort auf.

5. Wie bereitet sich ein Maulwurfweibchen auf die Geburt vor?

a) ☐ Sie legt sich auf den Maulwurfshügel.
b) ☐ Sie massiert mit ihren großen Grabhänden ihren Bauch.
c) ☐ Sie gräbt eine Nestkammer und polstert sie mit Blättern und Gräsern aus.

6. Wie kommen Maulwurfsbabys auf die Welt?

a) ☐ mit geschlossenen Augen
b) ☐ nackt
c) ☐ mit schwarzem Fell

7. Was fressen Maulwürfe?

a) ☐ Regenwürmer und Schnecken
b) ☐ Blätter und Gräser
c) ☐ Käfer und Insektenlarven

Maulwurf

Bewegungsgeschichte

Text	Bewegungsvorschläge
Hallo ihr! Ich bin Manfred, der kleine Maulwurf und ich bin gerade aus der Erde gekrochen. Zeigt mal eure Hände! Habt ihr auch so große Grabhände wie ich? Seht mal, meine Augen, die sind ganz winzig. Mein Fell ist aber ganz weich. Ich habe eine lange Schnauze und viele spitze Zähne. Habt ihr Lust, mich unter die Erde zu begleiten? Dann kommt mal mit!	*im Fersensitz winken – Hände zeigen – auf Augen deuten und zusammenzwicken – mit den Händen über den Körper streichen – Fäuste bilden und vor die Nase halten – den Mund aufreißen und auf die Zähne deuten – (unter das Tuch krabbeln)*
Als Erstes zeige ich euch, wie ich grabe: Mit meinen Grabhänden lockere ich die Erde und schiebe sie nach oben. Dann grabe ich wieder und schiebe wieder die Erde hoch. Jetzt gucke ich aus meinem Maulwurfshügel heraus. Hilfe, eine Eule über mir. Schnell zurück in die Erde!	*mit den Händen „graben", Hände schräg nach oben führen – Wiederholung – (unter dem Tuch hervorschauen), nach oben deuten – (unter das Tuch) zurückkrabbeln*
Bin ich müde geworden! Ruhen wir uns etwas aus. Alle wieder aufwachen! Seht mal, wie schnell ich durch meine Gänge laufe. Auf die Plätze, fertig, los! Toll, wie ihr das macht! Ihr seid ja so schnell wie echte Maulwürfe. Und jetzt rückwärts. Seid ihr da auch so schnell?	*ausführlich gähnen – sich seitlich legen, Augen schließen und eine Weile still sein – in den Vierfüßlerstand kommen – so schnell wie möglich vorwärts- und rückwärts krabbeln*
Dort drüben habe ich leckere Regenwürmer gerochen. Jetzt zeige ich euch, wie ich einen Wintervorrat anlege. Ich schnappe mir einen Wurm, beiße ihm den Kopf ab und lege ihn in meine Vorratskammer. Im Winter fresse ich dann alle Regenwürmer auf.	*zum Salzstangenteller hinkrabbeln – Salzstange mit der Hand greifen und ein Stück abbeißen – restliche Salzstange auf den leeren Teller legen – Wiederholung – Salzstangen aufessen*

Tipp: *Legen Sie als „Regenwürmer" einige Salzstangen auf einen Teller. Daneben stellen Sie als „Vorratskammer" einen leeren Teller. Schön ist es, wenn ein Schwungtuch oder eine Decke über die Kinder gehalten oder über ihnen befestigt wird. Dadurch können die Kinder leichter nachempfinden, wie es ist, „unter der Erde" zu sein.*

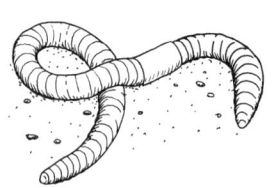

Regenwurm

Ausmalvorlage/Steckbrief

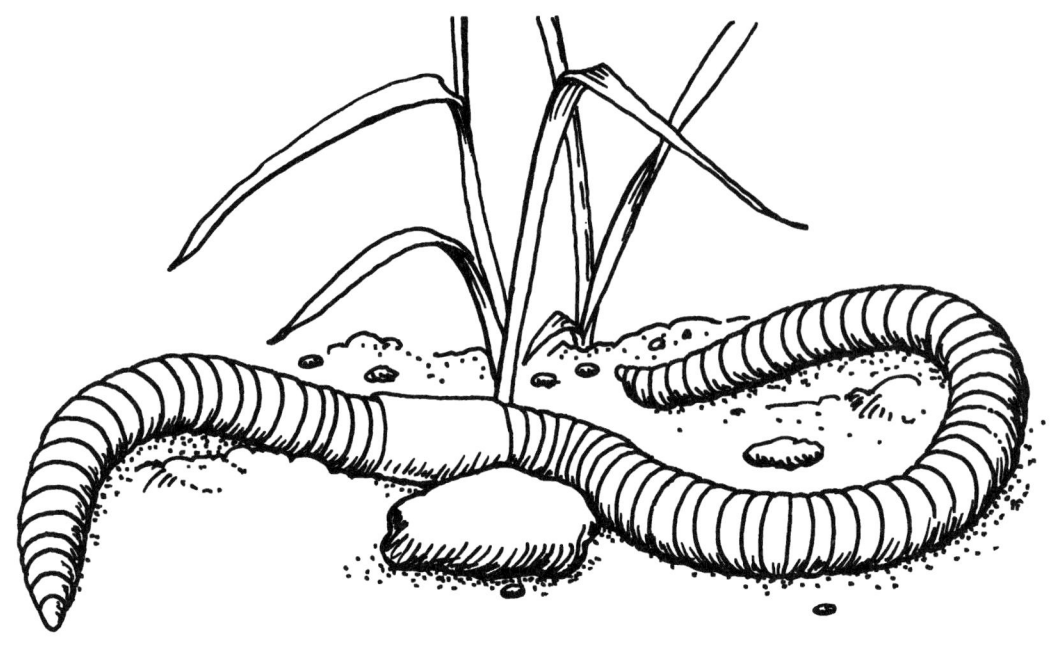

Tiergruppe	Würmer
Systematik	Von den weltweit ungefähr 3000 Arten leben in Deutschland derzeit etwa 40 Arten.
Verbreitung	weltweit, außer in trockenen Wüstenböden und in den Polargebieten
Aussehen/Merkmale	**1. Körperbau:** Der rosa bis hellbraune Körper besteht aus vielen Ringen, auf denen sich winzige Borsten befinden. Diese erleichtern dem Wurm die Wanderungen nach oben. Am vorderen Ende befindet sich der Mund, ein Stückchen dahinter liegt der Gürtel (auffällige Verdickung) mit den Geschlechtsorganen. Wird ein Regenwurm durchtrennt, überlebt nur der vordere Teil, der hintere Teil wächst jedoch wieder nach. Das Schwanzende ist im Gegensatz zum Kopfende etwas „platt gedrückt". **2. Fortbewegung:** Mit seinem spitzen Vorderende bohrt sich der Regenwurm durch die Erde. Wo ihm die Erde zu fest wird, frisst er sich durch. Die Fortbewegung erfolgt wie bei einem Akkordeon: Ringe zusammenschieben, Ringe wieder entfalten; dadurch schiebt sich der Regenwurm Stück für Stück vorwärts. Er kann sowohl vorwärts-, als auch rückwärtskriechen. Um schneller durch die Gänge zu gleiten, verteilt der Regenwurm auf seinem Körper Schleim.

Regenwurm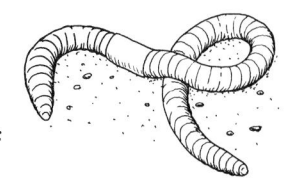

— Steckbrief

3. Verdauung: Da der Regenwurm keine Zähne besitzt, um die Nahrung zu zerkleinern, nimmt er zusammen mit seiner Nahrung auch Sandkörner auf. Diese zermahlen die Nahrung im Magen und Darm. Der fruchtbare Kot wird als Kringel meist oberirdisch am Ende der Gänge ausgeschieden.

Lebenserwartung	ungefähr 2 Jahre
Lebensraum	Der Regenwurm lebt unter der Erde. Damit die gegrabenen Gänge besser halten, „tapeziert" er diese mit Schleim. Durch ihre unermüdliche Arbeit lockern und belüften Regenwürmer den Boden. Dadurch können Pflanzenwurzeln tiefer in den Boden eindringen und besser Wasser und Nährstoffe aufnehmen. Weshalb so viele von ihnen bei Regen an die Erdoberfläche kommen, ist bisher noch nicht geklärt.
Nahrung	Erde, vermoderte Pflanzen (zum Beispiel verwelktes Laub)
Fressfeinde	Vögel, Maulwürfe, Hühner, Füchse, Dachse, Marder, Wildschweine, Igel, Spitzmäuse, Laufkäfer, Kröten, Frösche und viele mehr
Verteidigung	Regenwürmer sind ihren vielen Feinden hilflos ausgeliefert.
Sinnesorgane	Auch wenn Regenwürmer keine Augen und Ohren besitzen, bemerken sie dennoch kleinste Erschütterungen (zum Beispiel Regentropfen auf der Erde). Sie können hell und dunkel unterscheiden.
Aktivitätszeit	nachtaktiv
Revierverhalten	gibt es nicht
Überwinterung	Den Winter verbringen die Regenwürmer zusammengerollt in einer Kältestarre tief unter der Erde.
Nachwuchs	Die Regenwürmer sind sowohl weiblich als auch männlich („Zwitter"). Während der Paarung legen sich zwei Würmer mit ihren Geschlechtsringen aneinander und tauschen ihre männlichen Samen aus. Die fremden Samen werden gespeichert und dienen später zur Befruchtung der eigenen Eizellen. 2–3 Eier werden in einer erbsengroßen Schleimkapsel („Kokon") abgelegt. Insgesamt werden einmal im Jahr zwischen 20 und 90 Kokons gelegt. Die Entwicklungsdauer im Kokon kann je nach Art und Lebensraum sehr verschieden sein. Der Kompostwurm schlüpft nach 20 Tagen, der Tauwurm nach 135 Tagen. Die Haut der geschlüpften Regenwürmer ist weiß. Ein Jahr lang wachsen die Jungwürmer heran und fressen so viel sie können.

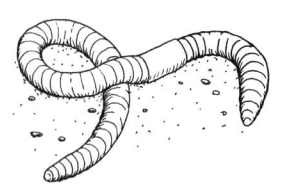

Regenwurm
Sachgeschichte

„Es regnet, es regnet, hurra, hurra, endlich sind die Würmer da!", höre ich ein albernes Huhn gackern. „Das könnte dir so passen", raunze ich dem Hühnchen entgegen, „mich erwischst du bestimmt nicht, schließlich bin ich hier der älteste und klügste Regenwurm weit und breit." Ich bin schon fast zwei Jahre alt und habe viel Erfahrung. In meinem ganzen Leben hat mich noch kein Tier gefressen. Ich hatte natürlich auch viel Glück. Von meinen ganzen Geschwistern bin ich der einzige Überlebende. Wir Regenwürmer haben nämlich sehr viele Feinde. Außer Vögeln fressen uns zum Beispiel Kröten, Maulwürfe, Spitzmäuse, Füchse, Dachse und Igel. Keine Ahnung, warum wir denen so gut schmecken! „Gack, gack, gack!", macht es plötzlich direkt neben mir. Erschrocken wälze ich mich zur anderen Seite. Schon wieder dieses dumme Huhn! Ich krieche ein Stückchen unter ein Blatt. Immer näher kommt der spitze Schnabel und stößt direkt neben mir in den Boden. Doch auf einmal dreht sich das Huhn um und flattert in Richtung Komposthaufen. Wieder einmal Glück gehabt! Endlich hat der Regen aufgehört. Ich warte noch ein Weilchen, bis die Erde etwas getrocknet ist.

Als Proviant nehme ich mir noch ein wenig verwelktes Laub mit. Ich sauge mit meinem Mund an einem Blatt und ziehe es rückwärts in meine Wohnröhre. Geschafft! Jetzt noch einmal nach oben, Blatt ansaugen und zurück in die Erde kriechen. Ich habe so großen Hunger, dass ich die Blätter gleich fresse. Schmatz, schmatz! Je älter die Blätter, desto besser schmecken sie mir. Da ich keine Zähne habe, um meine Pflanzenkost zu zerkleinern, fresse ich immer einige Sandkörner mit, die dann im Darm die Nahrung zermahlen. Als Nachtisch hole ich mir noch von oben einige Gräser und ziehe auch sie in den Untergrund. Nach einem guten Essen kann ich auch wieder gut arbeiten. Wie schon seit beinahe zwei Jahren durchwühle ich täglich den Boden. Wie ein Akkordeon ziehe ich meinen Körper zusammen und wieder auseinander. Und schon wieder bin ich ein Stückchen vorwärtsgerobbt. Oh, hier ist eine besonders harte Stelle, ich drücke mit meinem Kopf fest dagegen, aber ich schaffe es nicht, sie zu durchbohren! Am besten, ich fresse die Erde einfach auf. Mampf, mampf! Essen und gleichzeitig arbeiten ist wirklich praktisch.

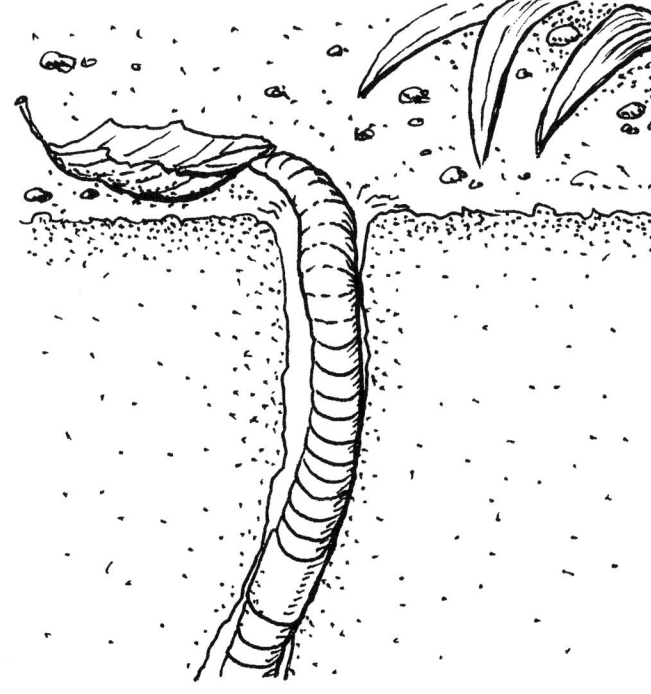

Regenwurm

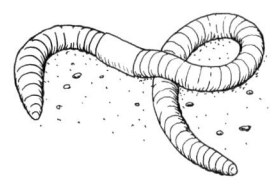

Sachgeschichte

Geschafft! Ich kann weiterbohren. Jetzt habe ich schon einen 2 Meter langen Gang gegraben. Damit ich schneller durch die Gänge gleiten kann, verteile ich auf meinem Körper etwas Schleim. Oh, ich muss mal! Rückwärts krieche ich nach oben und schiebe mein Hinterteil aus dem Boden. An der frischen Luft scheide ich einige kringelige Würstchen aus und verziehe mich wieder ins Erdreich.

Auch wenn ich keine Augen und Ohren habe, spüre ich kleinste Erschütterungen im Erdreich. Gerade jetzt habe ich etwas gespürt. Tatsächlich, da kriecht ein kleiner Regenwurm an mir vorbei. „Hallo Würmchen!", begrüße ich ihn fröhlich und frage, weshalb er so traurig dahinkriecht. „Gerade hat mir ein Maulwurf ein Stück von meinem Schwanz abgebissen", erzählt mir der kleine Wurm bedrückt. „Sei doch froh, dass er nicht deinen Kopf gefressen hat", versuche ich ihn zu trösten, „du weißt ja, bei uns Regenwürmern kann nur der vordere Teil mit dem Kopf und den Geschlechtsorganen überleben. Dein Schwanz wächst bald wieder nach." „Du hast Recht", murmelt der kleine Wurm und umringelt mich dankbar. Getröstet kriecht er davon.

Oh je, schon wieder wird die Erde nass. Ich robbe mit Hilfe meiner zahlreichen Borsten kerzengerade nach oben. Ohne meine Borsten würde ich diese steilen Wanderungen gar nicht schaffen! „Guten Abend, du fleißiger und starker Wurm", nehme ich plötzlich eine Stimme wahr, „ich wollte mich schon lange bei dir und den anderen Regenwürmern bedanken." „Wer spricht da nur?", denke ich erstaunt. Plötzlich streicht ein großes Blatt über meine Haut. Ah, eine Blume! „Warum möchtest du dich bei mir bedanken?", frage ich verblüfft. Mit sanfter Stimme antwortet sie mir: „Euch Regenwürmern habe ich es zu verdanken, dass ich so schön wachse. Durch das Graben von euren Gängen können meine Wurzeln viel tiefer in den Boden eindringen und Wasser und Nährstoffe leichter aufnehmen. Außerdem lockert und belüftet ihr die Erde und scheidet fruchtbaren Kot aus." Bei so viel Lob würde ich am liebsten im Erdboden versinken. Gut gelaunt verabschiede ich mich von der netten Blume und gehe mit Feuereifer an meine Arbeit. Viele Stunden grabe und lockere ich die Erde. Ich bin richtig stolz, ein Regenwurm zu sein. Immer wenn es regnet, krieche ich nach oben zu meiner Blumenfreundin. Im Schutz ihrer großen Blätter halten wir ein nettes Schwätzchen. Als die Tage nun kälter werden, krieche ich tief unter die Erde. Direkt neben den Wurzeln meiner Blume grabe ich mir eine kleine Höhle, die ich mit Schleim auskleide. Dadurch fällt sie nicht zusammen. Ich rolle mich ein, fresse nichts mehr und werde ganz starr. Ich freue mich schon wieder auf meine Arbeit im Frühling und natürlich auf meine liebe Blumenfreundin.

Kinder lernen Tiere aus Feld und Wiese kennen

Regenwurm
Bilderquiz

---

1. Welche Tiere fressen gerne Regenwürmer?

a) ☐ Vögel, Kröten und Igel

b) ☐ Hummeln, Hasen und Schmetterlinge

---

2. Wann kommt ein Regenwurm an die Oberfläche?

a) ☐ bei Regen

b) ☐ bei Sonnenschein

Regenwurm

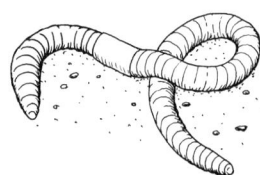

Bilderquiz

3. Was frisst ein Regenwurm gerne?

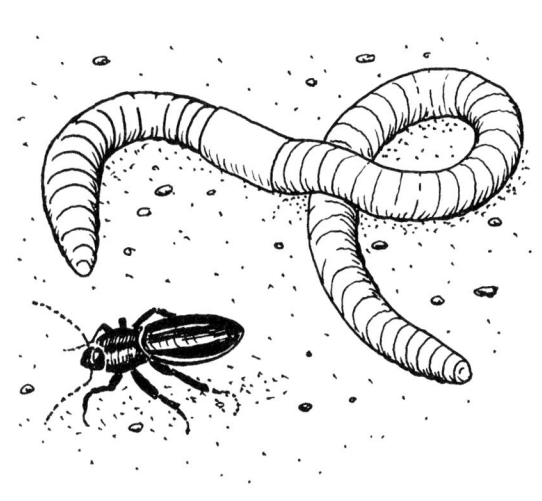

a) ☐ kleine Käfer

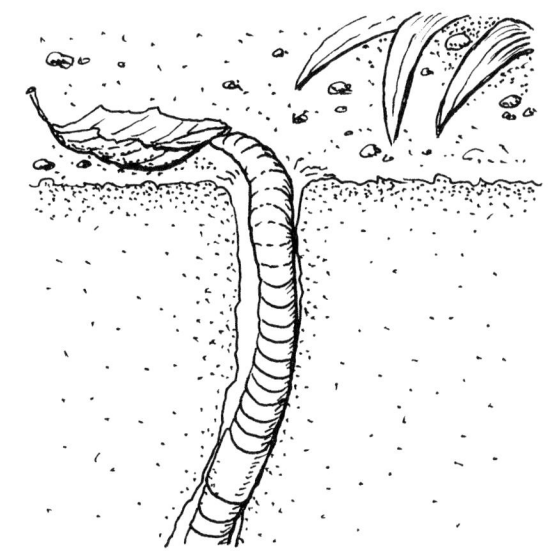

b) ☐ Blätter und Erde

4. Wo scheidet ein Regenwurm seinen Kot aus?

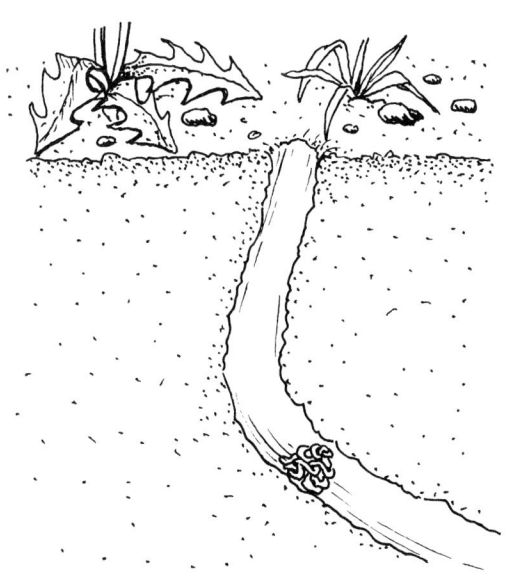

a) ☐ in seinen Gängen

b) ☐ am Ende der Gänge, außerhalb der Erde

Regenwurm

Textquiz

1. **Wie alt können Regenwürmer werden?**

   a) ☐ bis zu 10 Tagen   b) ☐ bis zu 6 Monaten   c) ☐ bis zu 2 Jahren

2. **Von welchen Tieren werden Regenwürmer gefressen?**

   a) ☐ von Igeln   b) ☐ von Spinnen

   c) ☐ von Hühnern

3. **Was machen Regenwürmer mit welkem Laub und Gräsern?**

   a) ☐ Sie ruhen sich nach ihrer Arbeit darauf aus.
   b) ☐ Sie polstern damit ihre Schlafkammer aus.
   c) ☐ Sie ziehen es in ihre Gänge und fressen es auf.

4. **Wie zerkleinern Regenwürmer ihre Nahrung?**

   a) ☐ Mit der Nahrung nehmen sie auch Sand auf. Dieser hilft ihnen beim Zermahlen der Nahrung.
   b) ☐ Sie kauen die Nahrung mit ihren Zähnchen.
   c) ☐ Die Nahrung braucht nicht zerkleinert zu werden.

5. **Welcher Teil eines Regenwurms kann überleben?**

   a) ☐ der hintere Teil (Schwanz)
   b) ☐ der vordere Teil (Kopf und Geschlechtsorgane)
   c) ☐ das Mittelstück

6. **Weshalb sind Regenwürmer so nützlich?**

   a) ☐ weil sie die Erde lockern und belüften
   b) ☐ weil sie einen fruchtbaren Kot ausscheiden
   c) ☐ weil sie schädliche Insekten fressen

7. **Was machen Regenwürmer im Winter?**

   a) ☐ Sie kommen nach oben und waschen sich im Schnee.
   b) ☐ Sie rollen sich unter der Erde ein und werden starr.
   c) ☐ Sie graben den ganzen Winter hindurch ihre Gänge.

Regenwurm

Bewegungsgeschichte

Text	Bewegungsvorschläge
Wir sind Regenwürmer und schlängeln uns durch die Erde. Erst vorwärts, dann rückwärts. Jetzt rollen wir uns auf die rechte und auf die linke Seite. Wir können uns sogar immer in die gleiche Richtung rollen.	*in der Bauchlage vorwärts- und rückwärtsrobben – mit gestreckten, am Boden liegenden Armen auf die linke und rechte Seite rollen – mehrmals um sich selbst drehen*
An der Erdoberfläche fängt es plötzlich an zu regnen, immer stärker. Wir müssen so schnell wie möglich die Erde verlassen. Geschafft! Neugierig schauen wir aus unserem Gang heraus.	*mit den Händen auf den Boden trommeln – stärker trommeln – kurzes Stück robben – in den Fersensitz kommen, Kopf nach links und rechts drehen*
Es regnet immer noch, und ein starker Wind weht: „Hui, hui …" Es blitzt und donnert! „Tsch, tsch, bumm, bumm." Doch auf einmal schaut die Sonne zwischen den Wolken hervor, und ein großer Regenbogen erscheint am Himmel.	*auf den Kopf trommeln, Arme seitlich schwingen – bei „tsch" Hände vor Gesicht kreuzen, bei „bumm" klatschen – mit Armen einen Kreis bilden, mit einer Hand einen Bogen beschreiben*
Nun suchen wir ein leckeres Blatt und saugen es mit unserem Mund an. Dann ziehen wir es in unseren Gang und spucken es aus. Jetzt kriechen wir wieder nach oben, holen uns noch eines und ziehen es wieder in die Erde. Einige Blätter fressen wir gleich auf.	*auf den Unterschenkeln zu den Blättern hin robben – mit dem Mund das Blatt fassen, rückwärts robben, Blatt ausspucken – Wiederholung beliebig oft – Mund zum Blatt führen, Fressgeräusche*
Habt ihr auch gerade die Erschütterung gespürt? Die ganze Erde zittert. Ein Maulwurf gräbt in unserer Nähe. Hoffentlich findet er uns nicht. Noch einmal erzittert die Erde, doch es wird immer weniger. Ein Glück, der Maulwurf gräbt in eine andere Richtung.	*den ganzen Körper ruckartig bewegen – mit den Händen Grabbewegungen – besorgtes Gesicht machen – den Körper ruckartig bewegen, allmählich Bewegung ausklingen lassen*
Nun ist es Zeit für unsere Kältestarre! Tief in der Erde rollen wir uns ein und schlafen bis zum nächsten Frühjahr.	*auf eine Seite legen und sich so klein wie möglich machen – still sein*

Tipp: *Legen Sie vor Beginn einige Blätter auf den Boden.*

Schmetterling
Ausmalvorlage/Steckbrief

Tiergruppe	Insekt
Systematik	Weltweit gibt es über 150 000 Arten, es werden immer neue entdeckt. In Mitteleuropa etwa 4 000. Schmetterlinge werden in Tagfalter (meist bunt und tagaktiv) und Nachtfalter eingeteilt (unauffällige Farben, tagsüber und nachts aktiv).
Verbreitung	fast alle Lebensräume des Festlandes, auch in kälteren Gebieten
Aussehen/Merkmale	Wie alle Insekten haben auch Schmetterlinge einen dreigeteilten Körper: 1. Kopf mit Augen, zwei Fühlern und einem Saugrüssel; 2. Brust mit 3 Beinpaaren und Flügeln; 3. Hinterleib mit den Organen. Das Aussehen der Raupen ist je nach Art unterschiedlich (einfarbig oder bunt, behaart oder nackt, mit oder ohne Dornen).
Lebenserwartung	einschließlich der Raupenzeit; ist je nach Art sehr unterschiedlich. Viele Arten werden nur zwischen einem halben und einem Jahr alt. Andere Arten können bis zu 7 Jahre alt werden (Frühlings-Wollfalter).
Lebensraum	Wiesen, Felder, Hecken, Wälder, Gärten, Moore, Feuchtgebiete
Nahrung	**1. Nahrung der Raupen:** meist Blätter, es gibt auch einige kannibalische Arten **2. Nahrung der Schmetterlinge:** Blütennektar, Frucht- und Baumsäfte, Honigtau der Blattläuse.

Schmetterling

— Steckbrief

Fressfeinde	Spinnen, Fledermäuse, Vögel, Eidechsen, Frösche, Kröten, Mäuse, Käfer, Spitzmäuse, Ameisen, Wespen
Verteidigung	**1. Verteidigung der Raupen:** einige verstecken sich, andere lassen sich bei Gefahr an einem Rettungsseil aus Seide fallen; zahlreiche Arten sind gut getarnt. Manche Arten warnen durch grelle Farben, dass sie ungenießbar sind. Viele Raupen schlagen mit dem Vorder- oder Hinterende um sich, andere stoßen einen üblen Geruch aus. **2. Verteidigung der Schmetterlinge:** einige Arten sind gut getarnt, andere zeigen durch eine auffällige Warnfarbe, dass sie giftig sind oder schlecht schmecken. Manche Arten zeigen dem Feind große Augenflecke auf den Flügeln und erschrecken ihn so.
Sinnesorgane	**Sehen:** Bewegungen werden gut wahrgenommen; Farben (außer Rot) werden gut erkannt, auch bei Dunkelheit. **Riechen:** Duftstoffe eines Weibchens können von einem Männchen kilometerweit gerochen werden. **Schmecken:** Viele Schmetterlinge schmecken mit den Füßen, sie können aber auch über den Rüssel und die Fühler Geschmack wahrnehmen.
Aktivitätszeit	Tagfalter und einige Nachtfalter sind am Tag aktiv, viele Nachtfalter dagegen in der Nacht.
Revierverhalten	gibt es nicht
Überwinterung	Je nach Art überwintern Schmetterlinge als Ei, Raupe, Puppe oder fertiger Schmetterling („Imago"). Bei den Arten, die als Imago überwintern, gibt es unterschiedliche Verhaltensweisen. Einige Schmetterlinge wandern über die kalte Jahreszeit in wärmere Gebiete, wie Zugvögel (Distelfalter, Admiral). Andere Arten überwintern in frostfreien Unterschlüpfen (Zitronenfalter).
Nachwuchs	Nach der Paarung legt das Weibchen seine Eier meist an der Pflanze ab, die die Raupe nach dem Schlüpfen frisst. Aus dem Ei schlüpft eine kleine Raupe, die unaufhörlich frisst und sich mehrmals häutet. Danach verwandelt sie sich in die äußerlich fast unbewegliche Puppe. Je nach Schmetterlingsart erfolgt dies auf unterschiedliche Weise. Die einen hängen sich kopfüber an eine Pflanze („Stürzpuppe"), andere wickeln sich mit langen Fäden um einen Ast („Gürtelpuppe"). Wieder andere verpuppen sich in der Erde. In der Puppenhülle verwandelt sich nun die Raupe in einen Falter. Nach dem Schlüpfen pumpt dieser Luft in die Atemröhren und Blut in die Flügeladern. Wenn sich die Flügel entfaltet und verhärtet haben, kann er nach etwa einer Stunde losfliegen.

Schmetterling

Sachgeschichte

„Du kriegst mich nicht!", rufe ich fröhlich dem kleinen Mädchen mit den langen roten Haaren zu. Es jagt schon seit einiger Zeit hinter mir her, um mich mit einem Netz zu fangen. Erschöpft lässt sich das Mädchen auf den Rasen fallen und fängt an zu weinen. Obwohl sie mich fangen wollte, tut sie mir plötzlich Leid. Ich fliege auf ihr buntes Kleid und spreche sie an: „Hallo, wie heißt du, und warum weinst du?" Mit schluchzender Stimme antwortet sie mir: „Ich bin die Lisa. Ich wollte dich nur einfach ansehen, weil du so schön bist." Geschmeichelt erwidere ich: „Das ist doch kein Problem. Ich bleibe hier eine Weile sitzen, und du kannst mich anschauen." Daraufhin wischt sich Lisa die Tränen von den Wangen. Interessiert betrachtet sie meinen Körper und fragt: „Kannst du mir ein wenig über dein Leben erzählen?" „Ja, natürlich, wenn du willst", antworte ich ein wenig verwundert, denn bisher hat sich noch niemand für mein Leben interessiert. Ich hole tief Luft und fange an zu erzählen: „Ich bin ein Schwalbenschwanz und gehöre zu den über 150 000 Schmetterlingsarten auf dieser Welt. Siehst du meine zwei großen Augen? Damit sehe ich viele Farben der Blumen, mit meinen beiden Fühlern rieche ich den Duft und mit meinen Füßen kann ich wunderbar schmecken. Schau einmal, ich zeige dir, wie ich mit meinem Rüssel Nektar aus der Blüte sauge." Ich fliege zu einer gelben Blume und lande mit meinen sechs Beinen darauf. Neugierig nähert sich Lisas Gesicht. Ich rolle meinen Rüssel aus, stecke ihn in die Blüte und sauge daraus Nektar. „Das sieht ja aus wie ein Strohhalm", kichert Lisa. „Stimmt, so ähnlich kannst du dir das vorstellen", antworte ich. „Darf ich dich auf meinen Finger nehmen?", bittet mich Lisa mit sehnsuchtsvollem Blick. Ich zögere einen Augenblick, doch ihr liebevolles Wesen schenkt mir Vertrauen und ich fliege auf ihren Finger: „Wie hübsch du bist", schwärmt sie. „Ich war aber nicht immer so hübsch", antworte ich Lisa. Ganz erstaunt schaut sie mich an. Ich erkläre ihr: „Bevor ich ein Schmetterling wurde, war ich eine kleine Raupe. Ich bin aus einem klitzekleinen, gelben Ei geschlüpft und hatte immer sehr viel Hunger. Ein Blatt nach dem anderen fraß ich auf. Ich wurde immer größer und meine Haut wurde mir zu eng. Sie riss entzwei und ich schlüpfte aus meiner alten Haut heraus. Ich häutete mich mehrere Male. Nach meiner letzten Häutung hing ich als Puppe an einem Ast und bewegte mich lange Zeit nicht mehr." Lisa muss plötzlich lachen: „Als Puppe sagst du? So eine wie diese hier?" Sie zieht eine kleine Menschenpuppe aus ihrer Tasche. „Hast du so ausgesehen?", fragt mich Lisa neugierig. Auch ich muss nun lachen: „Nein, nein, ganz anders, nicht wie eine Menschenpuppe, sondern wie eine ‚Schmetterlingspuppe'. Ich hatte eine grüne Hülle um mich herum. Diese Hülle sah fast wie ein Blatt aus. Nach vielen Tagen befreite ich mich aus dieser Hülle und schlüpfte als Schmetterling

Schmetterling

Sachgeschichte

heraus." „Haben dich Mama und Papa sofort begrüßt?", fragt Lisa aufgeregt. „Mama und Papa waren nicht dabei, als ich geschlüpft bin", antworte ich meiner kleinen Freundin. Lisa guckt sehr mitleidig. „Nicht traurig sein", versuche ich Lisa zu trösten, „bei uns Schmetterlingen ist das anders als bei euch Menschen. Wir brauchen keine Eltern, die für uns sorgen. Wir kümmern uns vom ersten Tag an um uns selbst." „Sicher bist du nach dem Schlüpfen sofort losgeflogen", vermutet Lisa. Ich schüttle meinen Kopf: „Nicht sofort. Zuerst musste ich Blut in meine zerknitterten Flügel pumpen, damit sie sich entfalten konnten. Erst nach einer Stunde bin ich losgeflogen. Eines versprichst du mir jetzt, Lisa: Du darfst nie wieder einen Schmetterling mit solch einem Netz fangen." „Das kommt nicht wieder vor", entschuldigt sich Lisa kleinlaut und verabschiedet sich von mir: „Bis morgen, mein lieber Schmetterling." Glücklich rennt sie ins Haus zu ihren Eltern.

Hoffentlich bis morgen, überlege ich nachdenklich, denn schließlich haben wir Schmetterlinge auch Feinde, die uns fressen wollen. Ein Vogel oder eine Spinne könnte mich verspeisen. Als ich noch eine Raupe war, hatte ich sogar noch viel mehr Feinde. Ameisen, Vögel, räuberische Käfer und Wespen mögen Raupen besonders gern. Welch Glück, dass Raupen und Schmetterlinge eine Vielzahl von Verteidigungsmöglichkeiten besitzen. Ich zum Beispiel klappe im Sitzen immer meine Flügel nach oben. Dann sieht man nur die Unterseite meiner Flügel. Die ist weniger bunt, sodass ich für meine Feinde schwerer zu erkennen bin. Einmal sah ich, dass ein Specht sich meinem Schmetterlingsfreund, dem Tagpfauenauge, näherte.

Es zeigte sofort die großen Augenflecken auf seinen Flügeln. Der Specht ist so erschrocken, dass er sofort flüchtete. Auch Raupen können sich verteidigen. Einige Raupenarten lassen sich bei Gefahr zum Beispiel fallen. Dabei sind sie nur durch einen dünnen Seidenfaden gesichert. Ihr Leben hängt dann wirklich „am seidenen Faden". Immer wenn ich mich als Raupe bedroht fühlte, sonderte ich eine stinkende Flüssigkeit aus. Das hat meine Fressfeinde vertrieben.

Am nächsten Morgen kommt Lisa mich tatsächlich wieder besuchen. Den ganzen Sommer lang sitzt sie im Garten und beobachtet mich und die vielen anderen bunten Schmetterlinge. Sie hat ihr Versprechen gehalten und nie wieder ein Schmetterlingsnetz benutzt.

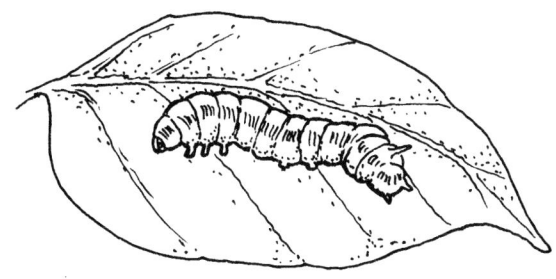

Schmetterling
Bilderquiz

1. Wie viele Beine hat ein Schmetterling?

a) ☐ 2   b) ☐ 6

2. Was saugen Schmetterlinge mit ihren Rüsseln?

a) ☐ Nektar aus den Blüten   b) ☐ Wasser aus einem Bach

Schmetterling
Bilderquiz

3. Ein Schmetterlingsweibchen hat ein Ei gelegt. Was schlüpft aus dem Ei?

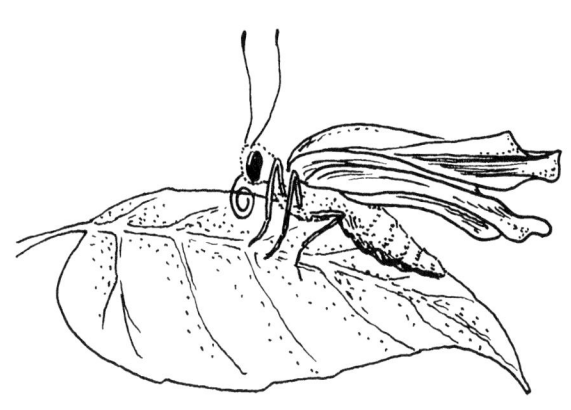

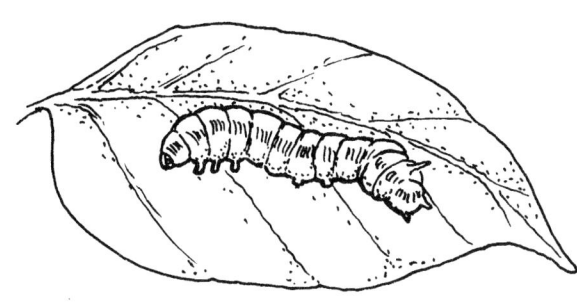

a) ☐ Ein bunter Schmetterling

b) ☐ Eine kleine Raupe

4. Was fressen Raupen?

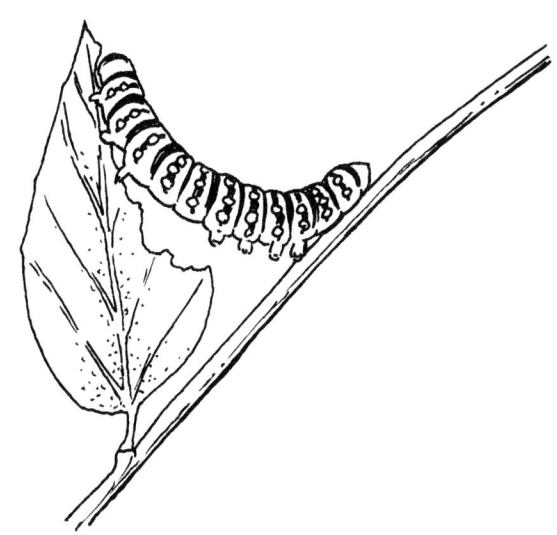

a) ☐ Ameisen und Käfer

b) ☐ viele Blätter

Schmetterling
Textquiz

1. **Wie riechen Schmetterlinge den Duft der Blumen?**

   a) ☐ mit dem Rüssel   b) ☐ mit den Fühlern   c) ☐ mit den Füßen

2. **Wozu braucht ein Schmetterling seinen Rüssel?**

   a) ☐ Er saugt mit seinem Rüssel Nektar.   b) ☐ Er schwenkt den Rüssel, um Feinde zu vertreiben.   c) ☐ Er kann damit eine stinkende Flüssigkeit spritzen.

3. **Was macht eine Raupe?**

   a) ☐ Sie schläft sehr viel.   b) ☐ Sie frisst viele Blätter.   c) ☐ Sie häutet sich mehrmals.

4. **Wozu entwickelt sich eine Raupe nach der letzten Häutung?**

   a) ☐ zum Schmetterling   b) ☐ zur Puppe   c) ☐ zum Teddybär

5. **Ein Schmetterling ist ausgeschlüpft. Was passiert?**

   a) ☐ Er pumpt Blut in die Flügel.   b) ☐ Er legt Eier auf Pflanzenstängel.   c) ☐ Er fliegt sofort los.

6. **Wie verteidigen sich Schmetterlinge gegen ihre Feinde?**

   a) ☐ Sie erschrecken ihre Feinde mit ihren großen Augenflecken.   b) ☐ Sie setzen sich auf den Kopf der Feinde und kitzeln diese mit ihren Beinen.   c) ☐ Sie klappen beim Sitzen ihre Flügel nach oben.

7. **Kann sich eine Raupe verteidigen?**

   a) ☐ Nein, um Feinde zu vertreiben, ist die Raupe viel zu klein.   b) ☐ Ja, sie lässt sich an einem Seidenfaden fallen.   c) ☐ Ja, sie sondert eine stinkende Flüssigkeit aus.

Schmetterling

Bewegungsgeschichte

Text	Bewegungsvorschläge
Auf einer wunderschönen Wiese fliegt ein bunter Schmetterling. Auf einer Blüte lässt er sich nieder. Er rollt seinen Rüssel aus und saugt den Nektar. Mmh, ist das lecker! Um sich zu tarnen, klappt er seine Flügel nach oben. Kein Fressfeind sieht ihn.	*Arme ausbreiten und „umherfliegen" – stehenbleiben – einen Arm nach vorne ausfahren (einen Finger nach unten), schlürfen – Wiederholung beliebig oft – Arme über den Kopf führen*
Dann fliegt er nochmals los und lässt sich auf einem grünen Stängel nieder. Der Schmetterling legt schöne, kleine Ei ab. „Blobb! Blobb!" Die Sonne scheint viele Tage darauf. Plötzlich frisst sich eine kleine Raupe aus einem Ei.	*Arme ausbreiten und „umherfliegen", im Fersensitz landen – bei „blobb" Po heben und senken – mit den Armen einen Kreis bilden – Fressgeräusche*
Die Raupe hat einen riesigen Hunger. Sie krabbelt und frisst, krabbelt und frisst. Ganz dick ist sie schon. Ihre Haut ist zu eng geworden. Sie streift einfach ihre alte Haut ab. Dann krabbelt und frisst sie wieder. Und wieder häutet sie sich.	*im Vierfüßler krabbeln, Mund öffnen und schließen – im Fersensitz Hände seitlich am Körper von oben nach unten streichen, dann mit dem Po wackeln – Wiederholung*
Nun hängt sich die Raupe kopfüber an einen Ast und verpuppt sich. Drei Wochen bleibt sie still und starr als Puppe daran hängen. Doch plötzlich geschieht ein Wunder. Ihre Puppenhülle reißt auf und ein bunter Schmetterling schlüpft heraus.	*zum Stehen kommen, Oberkörper nach unten beugen – einige Sekunden in dieser Haltung verweilen – Oberkörper wieder aufrichten*
Seine Flügel sind noch ganz verknittert. Der kleine Schmetterling pumpt Blut in die Flügel, damit sie sich entfalten können. Nach einer Stunde sind die Flügel trocken und hart und er kann losfliegen.	*mit Armen wackeln – ruckartig beide Arme seitlich Stück für Stück nach oben führen – „losfliegen"*
Er fliegt über die Wiese und lässt sich auf einer Blüte nieder. Mit seinem Rüssel saugt er den leckeren Nektar. Mmh, wie das schmeckt!	*Bewegungen wie im 1. Absatz – Wiederholung beliebig oft*

Schnecke (Gehäuseschnecke)

Ausmalvorlage/Steckbrief

Tiergruppe	Weichtiere
Systematik	Es gibt über 43 000 Schneckenarten. Manche haben ein Gehäuse, andere besitzen kein Haus. Sie werden als Nacktschnecken bezeichnet. Dieser Steckbrief beschäftigt sich mit an Land lebenden Schnecken, die ein Gehäuse tragen.
Verbreitung	Schnecken sind weltweit verbreitet, sie leben an Land, aber auch in Seen, Flüssen und im Meer.
Aussehen/Merkmale	Kopf mit ein oder zwei einziehbaren Fühlerpaaren; breiter Kriechfuß mit vielen Muskeln, jedoch ohne Knochen; kalkhaltiges Gehäuse, in dem sich die Organe, wie Herz und Magen, befinden. Wächst die Schnecke, so vergrößert sie selbst ihr Haus. Hierzu stellt sie einen Kalkbrei her, den sie aus Drüsen ausscheidet. Außerdem produziert sie Proteine, die den Kalkbrei fest werden lassen. Ist dieser getrocknet, so ist das Haus ein Stückchen größer geworden. Fortbewegung: Um vorwärtszukommen, spannt die Schnecke ihre Muskeln im Kriechfuß an und entspannt sie wieder. Während des Kriechens hinterlassen viele Schnecken eine Schleimspur. So schützen sie sich vor Verletzungen. Laufgeschwindigkeit: Die Weinbergsschnecke schafft in einer Minute 7 Zentimeter; kleinere Schnecken kommen aber nur viel langsamer voran. Durchschnittlich legt eine Schnecke etwa 5 Zentimeter pro Minute zurück.
Lebenserwartung	mehrere Jahre, in Gefangenschaft wurden Weinbergsschnecken schon 30 Jahre alt.

Schnecke (Gehäuseschnecke)

— Steckbrief

Lebensraum	Schnecken findet man überall auf Wiesen, auch in Flüssen und Meeren. Um bei Hitze nicht auszutrocknen, ziehen sich Schnecken in ihr Haus zurück.
Nahrung	Blätter, Pilze, Gemüse, Kalk; Schnecken haben eine „Raspelzunge"; darauf befinden sich viele Tausend Zähnchen, mit denen sie ihre Nahrung abreiben.
Fressfeinde	Vögel, Igel, Kröten, Frösche, Eidechsen, Spitzmäuse, räuberisch lebende Insekten
Verteidigung	Schnecken ziehen sich bei Gefahr in ihr Schneckenhaus zurück. Manche Schnecken geben stark bitter schmeckenden Schleim von sich.
Sinnesorgane	Die meisten Schnecken haben 2 Fühlerpaare: An den Enden des längeren Fühlerpaares sitzen die Augen. Diese können hell und dunkel unterscheiden, sowie grobe Formen und Bewegungen wahrnehmen. Mit den unteren, kleineren Fühlerpaaren tastet und riecht die Schnecke.
Aktivitätszeit	in den Abend- und Nachtstunden, bei Regenwetter auch tagsüber
Revierverhalten	gibt es nicht
Überwinterung	Im Herbst verziehen sich Schnecken unter die Erde. Sie verschließen das Gehäuse mit einem Kalkdeckel.
Nachwuchs	**Am Beispiel der Weinbergsschnecke:** Weinbergsschnecken sind, wie fast alle Schnecken, Zwitter. Das bedeutet, sie sind gleichzeitig Männchen und Weibchen. Während der Paarung pressen zwei Schnecken ihre Körper aneinander und tauschen ihre Samenpakete aus. Damit werden dann die Eier im Körper befruchtet. Einige Zeit später gräbt sich die Schnecke ein Stück in die Erde und legt 30–60 Eier. Die Eiablage dauert viele Stunden und ist sehr anstrengend. Nach etwa 3 Wochen schlüpfen die Jungschnecken aus den knapp erbsengroßen weißen Eiern. Ihr Schneckenhaus ist noch sehr weich und vollkommen durchsichtig. Sie fressen ihre Eischalen, um Kalk aufzunehmen. Diesen benötigen sie, damit das Schneckenhaus hart werden kann. Um ihre Bruthöhle verlassen zu können, müssen sich die Jungschnecken durch die Erde nach oben wühlen. Dort gehen sie dann auf Nahrungssuche. Da ihr Schneckenhaus noch eine Zeit lang weich ist, werden Jungschnecken von vielen Fressfeinden erbeutet. Mit etwa 3 Jahren können sie selbst Nachwuchs bekommen.

Schnecke (Gehäuseschnecke)
Sachgeschichte

Ich bin eine klitzekleine Schnirkelschnecke und liege in einem der vielen Eier, die unsere Mutter vor Kurzem unter der Erde abgelegt hat. Nach der Eiablage hat sie uns viel Glück für unser Leben gewünscht und ist davongekrochen. Endlich ist es soweit. Ich versuche gerade, aus meinem Ei herauszuschlüpfen. Noch ein kleines Stückchen, dann habe ich es geschafft! Auch die anderen Schnecken neben mir sind geschlüpft. Im Moment ist meine Schale noch sehr dünn und ganz durchsichtig. Nun fresse ich meine Eischale auf, die erste Mahlzeit in meinem Schneckenleben! Die Eischale enthält viel Kalk. Diesen brauche ich, damit mein Schneckenhaus schön hart wird. Mein Schneckenhaus werde ich mein Leben lang mit mir herumtragen und nie ablegen, denn es schützt mich vor meinen Feinden.

An einem regnerischen Abend kriechen meine Geschwister und ich das erste Mal an die Erdoberfläche. Ganz schön hell ist es hier oben! Ich strecke meine vier Fühler aus und betaste meine Umgebung. Auf meinen beiden größeren Fühlern befinden sich zwei kleine schwarze Punkte, meine Augen. Ich kann zwar hell und dunkel unterscheiden, scharf sehen kann ich jedoch nicht. Mit meinem unteren Fühlerpaar kann ich gut tasten und riechen. Mmh, wie es hier duftet! Hungrig krieche ich auf ein frisches Löwenzahnblatt. Mit den vielen Tausend Zähnchen auf meiner Zunge rasple ich ein Loch ins Blatt. Wirklich fein! Jetzt strecke ich meine Fühler ein wenig nach rechts. Oh, ich glaube, ich rieche einen Pilz. Im Schneckentempo nähere ich mich dem feinen Duft. Richtig geraten! Ein wunderschöner Pilz steht direkt vor mir. Ich betaste den feuchten Stängel und kann es kaum erwarten, in die Pilzkappe zu beißen. So schnell es geht, krieche ich den Pilz hoch und rupfe ein Stückchen ab. Einfach köstlich! Doch plötzlich spüre ich etwas neben mir. Blitzschnell fahre ich meine Fühler ein und verziehe mich in mein Haus. „He, du süße kleine Schnecke", höre ich die Stimme eines Käfers, „komm doch heraus, ich möchte mit dir zusammen den Pilz fressen." „Für wie blöd hält der mich", flüstere ich empört, „dieser räuberische Laufkäfer möchte doch nicht den Pilz fressen, sondern mich!" Still bleibe ich in meinem Schneckenhaus versteckt. „Gleich hole ich dich aus deinem Haus", ruft der Käfer in bedrohlichem Ton. „Dann versuche es doch mal", kichere ich in mich hinein. Der Käfer läuft einige Male über mich und beschnuppert mich von allen Seiten. Ein Glück, dass ich nicht kitzlig bin! „So ein Mist", murmelt er enttäuscht, „ich kann einfach nicht den Eingang finden." Endlich krabbelt er von meinem Haus herunter und läuft schnell davon. Puh, da habe ich noch mal Glück gehabt! Laufkäfer haben keine spitzen Zähne und können deshalb keine Schneckenhäuser durchbeißen. Hätte mich ein Igel

Schnecke (Gehäuseschnecke)

Sachgeschichte

oder ein Fuchs entdeckt, hätten sie meine Schale mühelos knacken können. Wir Schnecken haben leider sehr viele Feinde. Spitzmäuse, Eidechsen, Vögel und Kröten fressen uns auch sehr gern. Vorsichtig schaue ich wieder aus meinem Haus heraus. Nichts zu spüren! Langsam krieche ich den Pilz hinunter. Während ich mich fortbewege, sondere ich einen klebrigen Schleim ab. Dadurch wird mein Kriechfuß schön rutschig und ich verletze mich nicht an stacheligen Gegenständen wie Dornen oder spitzen Steinen. Lauft ihr Menschen auch auf einer Schleimspur? Nein? Ach richtig, ihr tragt ja Schuhe.

Ist mir heiß geworden! Ich glaube, ich muss eine kleine Mittagspause machen. Gemächlich krieche ich in den Schatten, verstecke mich in meinem Haus und verschließe die Öffnung mit einer Schleimschicht. Wir Schnecken vertragen keine starke Sonne, sie würde unseren Körper austrocknen. Wenn es längere Zeit nicht regnet, bleiben wir viele Tagen oder sogar Wochen in unserem Häuschen versteckt. Erst wenn es wieder regnet, schlüpfen wir heraus. Wir Schnecken lieben die Feuchtigkeit! Heute habe ich Glück. Am Abend beginnt es zu regnen. Fröhlich gehe ich auf Futtersuche. Seit meiner Geburt bin ich schon ein großes Stück gewachsen. Immer wenn ich wachse, vergrößere ich auch mein Schneckenhaus: Zuerst schmiere ich einen Kalkbrei an den Rand meiner Schneckenhausöffnung, dann warte ich, bis er getrocknet ist, und schon ist das Schneckenhaus ein Stückchen größer. Den Kalkbrei stelle ich übrigens selbst her. Inzwischen ist es Herbst geworden. Von Tag zu Tag werde ich müder. Ich spüre, dass es an der Zeit ist, zu schlafen. Als ich mich ein Stückchen in die Erde grabe,

berühren meine Fühler ein großes Schneckenhaus. Ich krieche weiter und stoße auf viele andere Häuser. Wenn hier noch andere Schnecken sind, muss das ein guter Platz zum Überwintern sein. Ich glaube, hier bleibe ich. „Hallo, ihr Schnecken", rufe ich fröhlich, „schlaft ihr denn schon?" „Ruhe, bitte!", ertönt es ärgerlich, „wir wollen nicht gestört werden." „Ist ja schon gut", murmle ich vor mich hin und verkrieche mich in mein Haus. Dann schließe ich die Öffnung mit einem Kalkdeckel. Friedlich schlafe ich bis zum nächsten Frühjahr.

Schnecke (Gehäuseschnecke)

Bilderquiz

---

1. Kann eine Schnecke ihr Schneckenhaus ablegen?

a) ☐ ja, immer wenn ihr es zu schwer wird

b) ☐ nein, sie trägt es immer bei sich

2. Wozu braucht eine Schnecke ihre Fühler?

a) ☐ zum Sehen und um zu fühlen, wohin sie kriecht

b) ☐ als Essbesteck zum Blätterfressen

Schnecke (Gehäuseschnecke)

— Bilderquiz

3. Was frisst eine Weinbergsschnecke?

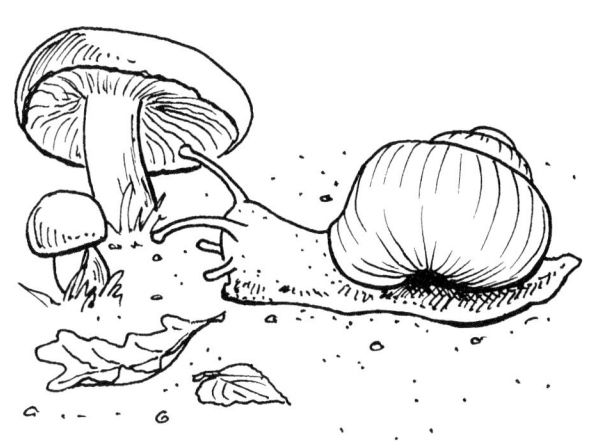

a) ☐ Blätter und Pilze

b) ☐ Regenwürmer

4. Eine Schnecke spürt einen Laufkäfer. Wie verhält sich die Schnecke?

a) ☐ Sie stößt dem Laufkäfer ihre Fühler ins Gesicht.

b) ☐ Sie verkriecht sich in ihr Schneckenhaus.

Schnecke (Gehäuseschnecke)

Textquiz

1. Wo schlüpfen kleine Schnecken aus ihren Eiern?

a) ☐ im Gras   b) ☐ unter der Erde   c) ☐ auf einem Blatt

2. Welches Organ befindet sich auf den beiden langen Fühlern?

a) ☐ die Zähnchen zum Fressen   b) ☐ die Ohren zum Hören   c) ☐ die Augen zum Sehen

3. Welche Feinde hat eine Schnecke?

a) ☐ Igel und Füchse   b) ☐ Eidechsen und Kröten   c) ☐ Bienen und Wespen

4. Weshalb bildet eine Schnecke eine klebrige Schleimspur?

a) ☐ damit sie sich nicht verletzt   b) ☐ damit sie besser riechen kann   c) ☐ damit Ameisen und Käfer an ihr kleben bleiben und sie diese fressen kann

5. Was macht eine Schnecke bei Hitze?

a) ☐ Sie sonnt sich in der Mittagshitze.   b) ☐ Sie nimmt in einer Pfütze ein Erfrischungsbad.   c) ☐ Sie kriecht in den Schatten und versteckt sich in ihrem Schneckenhaus.

6. Eine Schnecke wächst. Wie bekommt sie ein größeres Haus?

a) ☐ Das Haus wächst automatisch mit. Die Schnecke muss nichts tun.   b) ☐ Die Schnecke stellt einen Kalkbrei her, damit wird das Haus vergrößert.   c) ☐ Sie wirft das alte Haus ab, kurze Zeit später wächst ein neues Haus.

7. Wie verbringt eine Schnecke den Winter?

a) ☐ Sie klebt sich an einem Stein fest und wartet, bis es Frühling wird.   b) ☐ Sie bleibt an der Erdoberfläche und verschließt ihr Haus mit Gras.   c) ☐ Sie gräbt sich unter die Erde und verschließt ihr Haus mit einem Kalkdeckel.

Kinder lernen Tiere aus Feld und Wiese kennen

Schnecke (Gehäuseschnecke)

Bewegungsgeschichte

Text	Bewegungsvorschläge
Die Schnecke ist gerade aus ihrem Winterschlaf erwacht. Sie hat großen Hunger. Vorsichtig streckt sie ihre Fühler aus und kriecht aus ihrem Erdloch. Mit ihren Fühlern ertastet sie ihre Umgebung. Ah, hier ist ein Löwenzahnblatt. Sie rupft ein Stückchen ab.	*Fersensitz – mit einer Hand am Bauch kreisen – gestreckte Arme mit Fäusten als Fühler an den Kopf, kriechen (siehe Hinweis) – mit den Fäusten am Boden tasten – Mund öffnen und schließen – mampfen*
Dann kriecht sie auf einen Fliegenpilz. „Nicht fressen, der Pilz ist giftig!", schreit eine Ameise aufgeregt. „Das macht mir doch nichts aus", säuselt die Schnecke und beißt genüsslich in den Fliegenpilz. Mmh, köstlich!	*kriechen – Hände als Trichter an den Mund – lässige Handbewegung – Mund öffnen und schließen – mampfen*
Es ist Mittag und sehr heiß. Die Schnecke kriecht in den Schatten und verkriecht sich in ihr Schneckenhaus. „Tröpf-tröpf-tröpfl-di-tröpf" – Was ist denn jetzt los? Die Schnecke kommt aus ihrem Haus und streckt ihre Fühler heraus. Oh, es regnet, wie schön! „Tröpf-tröpf-tröpl-di-tröpf."	*kriechen – auf den Rücken legen, sich klein machen – kurz still sein – mit den Fingern auf den Körper trommeln – in den Fersensitz seitlich rollen, Arme an den Kopf – trommeln wie oben*
Langsam kriecht sie durch das feuchte Gras. Auf einmal fühlt sie die Fühler einer anderen Schnecke. Die beiden Schnecken umarmen sich. Kurze Zeit später legt die Schnecke viele kleine Eier in ein Erdloch: „Blobb, blobb …"	*kriechen und sich einen Partner suchen – sich mit den Armen (Fühlern) berühren – gegenseitig umarmen – den Po mehrmals heben und senken*
Bald schlüpfen die Schneckenbabys. Sie fressen ihre Eischale. Dann kriechen sie aus der Erdhöhle. Mit ihren Fühlern betasten sie die Umgebung.	*Mund öffnen und schließen, mampfen – kriechen – mit den Fäusten am Boden tasten*
Hilfe, ein Käfer! Schnell ins Schneckenhaus! Vorsichtig streckt die Schnecke ihren Kopf wieder heraus. Der Käfer ist fort. Endlich kann sie gemütlich fressen.	*Arme schnell anziehen, Kopf auf den Boden legen, kurze Zeit still sein – Kopf und Arme wieder anheben – Fressgeräusche*

Tipp: *Das Kriechen können Sie auf folgende Weise darstellen: Die Kinder bewegen sich im Kniestand fort und halten gleichzeitig ihre Arme als Fühler an den Kopf.*

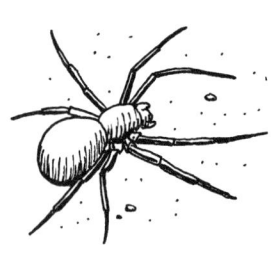

Spinne

Ausmalvorlage/Steckbrief

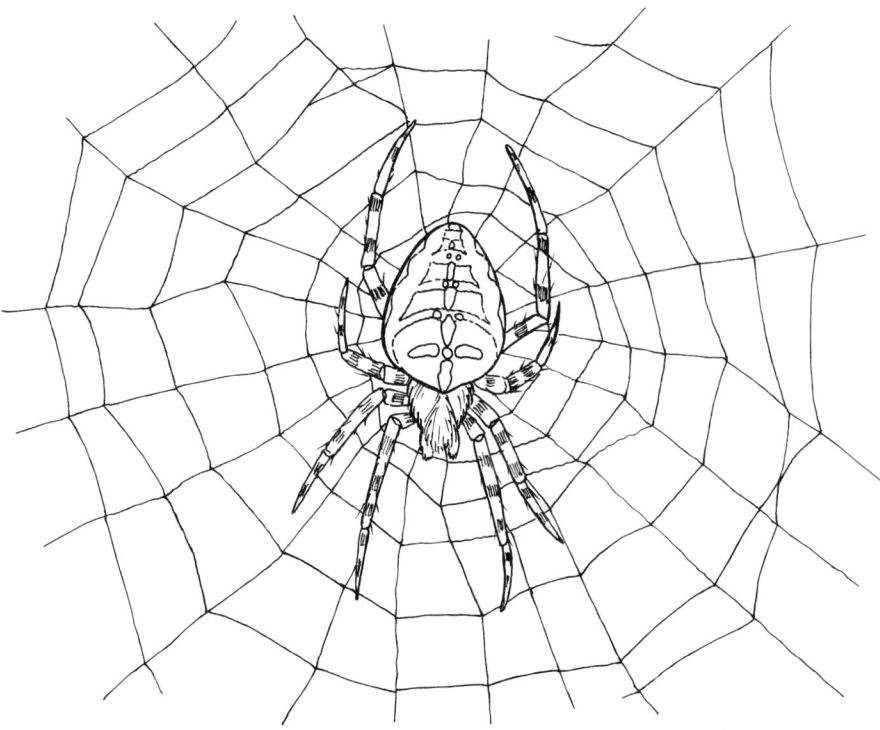

Tiergruppe	Spinnentiere
Systematik	Weltweit gibt es ungefähr 40 000 bekannte Spinnenarten, in Deutschland etwa 1000 Arten. Spinnen werden in zahlreiche Familien unterteilt (zum Beispiel Radnetzspinnen, Krabbenspinnen, Trichternetzspinnen). Es werden immer wieder neue Spinnenarten entdeckt.
Verbreitung	alle Erdteile, einschließlich der Arktis und Antarktis
Aussehen/Merkmale	Die Spinne mit dem größten Körper ist die Vogelspinne mit bis zu 12 cm. Die Spinne mit dem kleinsten Körper ist nur knapp einen Millimeter groß. Vorderleib: 2 beißende Kiefer mit 2 Giftklauen, 6–8 Augen, 2 kleinere Taster, 8 Beine. Hinterleib: Verschiedene Organe, am Ende des Hinterleibs sitzen die Spinnwarzen, aus denen die Seidenfäden austreten. Die Spinnfäden können zu verschiedenen Zwecken verwendet werden: 1. um Netze zu weben (sie bessern ihr Netz täglich aus); 2. um Kokons für die Eier zu spinnen; 3. um Wohnhöhlen auszupolstern; 4. um ein Beutetier einzuwickeln; 5. um sich als Jungspinnen im Wind davongleiten zu lassen.
Lebenserwartung	Je nach Art zwischen 3 Monaten und über 30 Jahren; die meisten einheimischen Spinnen werden nicht älter als 1 Jahr; bei vielen Arten leben die Männchen weniger lang, weil sie bei oder nach der Paarung sterben. Die Weibchen sterben bei einigen Arten während der Eiablage oder nach dem Schlüpfen der Jungtiere.

Spinne

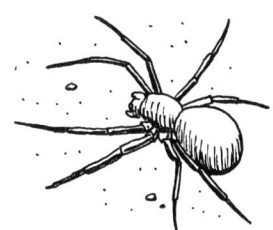

— Steckbrief

Lebensraum	Wiesen, Hecken, Gärten, Wälder; überall dort, wo sie gut Netze bauen können. Einige Arten leben im Süßwasser.
Nahrung	Alle Spinnen sind Fleischfresser. Einheimische Arten ernähren sich hauptsächlich von Insekten. Um ein Beutetier zu fangen, weben manche Spinnen Netze, andere lauern in einem Versteck, wieder andere gehen aktiv auf die Jagd.
Fressfeinde	Vögel, Fledermäuse, Frösche, andere Spinnen, Eidechsen, Spitzmäuse, Kröten, Schlupfwespen, größere Insekten
Verteidigung	je nach Art unterschiedlich: zum Beispiel Tarnung, sich blitzartig fallen lassen, sich tot stellen, Giftklauen zeigen, Nachahmung von gefährlichen Insekten (zum Beispiel Wespen), Gifthaare entgegenschleudern, Angreifer mit Flüssigkeit bespritzen, Bisse
Sinnesorgane	Das wichtigste Sinnesorgan sind ihre feinen Tasthaare, mit denen sie Erschütterungen oder sogar Schallwellen wahrnehmen können. Diese Haare sind über den gesamten Körper verteilt, bedecken aber hauptsächlich die Beine. Obwohl sie meistens 8 Augen besitzen, können sie nicht so gut sehen.
Aktivitätszeit	von Art zu Art unterschiedlich. Webspinnen sind überwiegend in der Dämmerung und in der Nacht aktiv.
Revierverhalten	Viele Spinnen sind Einzelgänger, sie verteidigen ihr Netz gegen andere Spinnen.
Überwinterung	Spinnen sind wechselwarm, das heißt, ihre Körpertemperatur entspricht immer der Umgebungstemperatur. Im Winter verfallen einheimische Spinnen in eine Kältestarre.
Nachwuchs	Nach der Paarung legt das Weibchen je nach Art zwischen einem und über 1000 Eiern. Die meisten Spinnen weben einen Kokon um die Eier herum, sodass diese gut geschützt sind. Schlüpfen die Jungspinnen, sehen sie schon wie richtige Spinnen aus, jedoch noch ohne Haare. Manche Spinnenmütter spinnen besondere Netze, auf denen die Jungspinnen mit ihren Geschwistern eine Zeit lang zusammenleben. Viele Spinnen sind nach dem Schlüpfen auf sich allein gestellt. Sie ernähren sich vom eigenen Dotter. Einige Spinnenmütter bewachen und füttern ihre Jungen jedoch, bis diese das Nest verlassen. Wegen der starren Außenhülle müssen sich Spinnen im Laufe ihres Wachstums mehrmals häuten. Erst nach der 1. Häutung können sie Seide und Gift herstellen. Da die meisten Spinnen Einzelgänger sind, gehen auch junge Spinnen bald ihre eigenen Wege.

Spinne
Sachgeschichte

„Hey, du kleine Spinne, du spinnst wohl, einfach über mich zu krabbeln", rufe ich empört einem meiner Geschwister zu. Ohne sich zu entschuldigen, ist sie auch schon am anderen Ende des Spinnennetzes angekommen. Meine 999 Geschwister und ich sind alle kleine Kreuzspinnen, die vor Kurzem aus einem Eikokon geschlüpft sind. Wir krabbeln und klettern zusammen in einem großen Netz, das unsere Mutter für uns gesponnen hat. „Mama", schreie ich wütend, „komm doch endlich und sorge für Ordnung! Schon wieder ist jemand über mich gekrabbelt." „Hör doch mit deinem Geschrei auf!", kreischt mir eine meiner Schwestern ins Ohr, „Mama hört dich sowieso nicht, sie wohnt vier Sträucher weiter und kümmert sich nicht um uns." Entsetzt schaue ich meiner Schwester in ihre acht Augen: „Füttert sie uns wenigstens ab und zu?", frage ich sie hoffnungsvoll. Meine Schwester muss lachen: „Leider nicht, du musst schon deinen Eidotter fressen. Wenn dieser aufgebraucht ist, müssen wir uns unsere Beute selbst fangen." „Aber wir haben doch noch kein Gift, und Netze spinnen können wir doch auch noch nicht", entgegne ich ihr. „Nach der ersten Häutung werden wir Gift und Seidenfäden herstellen können. Du musst einfach noch etwas Geduld haben", versucht mich meine Schwester aufzumuntern. Wahrscheinlich hat sie Recht! Ich hänge mich mit meinen 8 langen dünnen Beinen an unser Netz und versuche, mit dem Kopf nach unten zu laufen. Hurra, es klappt! Ich kann sogar schon rückwärts laufen. Als ich mich gerade wieder herumdrehe, traue ich meinen Augen nicht. Direkt vor mir marschiert eine braune Spinne mit vielen kleinen Spinnenbabys auf ihrem Rücken. „Hallo, du seltsames Wesen, was trägst du auf deinem Hinterleib?", frage ich sie neugierig. Verwundert blickt mich das Tier an: „Ich bin eine Wolfsspinne und trage meine frisch geschlüpften Babys." „Das ist aber schön für die Kinder", antworte ich etwas neidisch, „so schön hätte ich es auch gern." „Dafür können wir Wolfsspinnen keine so fantastischen runden Netze bauen", entgegnet mir die Spinnenmama, „wir können zwar auch weben, aber nicht so schöne, runde Radnetze wie ihr Radnetzspinnen." Ich bedanke mich für die interessante Auskunft. Immerhin weiß ich jetzt, dass ich eine Radnetzspinne bin. Nachdem ich wieder im Netz herumgeturnt bin, fühle ich, dass meine Haut einfach zu eng geworden ist. Stück für Stück streife ich sie ab; darunter ist schon die neue Haut gewachsen. Ich verlasse nun unser Gemeinschaftsnetz und suche mir eine geeignete Stelle für meinen ersten Netzbau. Zwischen zwei Heidelbeersträuchern beginne ich, mein erstes Radnetz zu weben. An meinem Hinterleib sitzen die Spinnwarzen. Daraus lasse ich meine Spinnfäden nach außen treten. Zum Netzbau verwende ich verschiedene Arten von Fäden. Ich spinne Lauffäden, auf denen ich selbst laufe, aber auch klebrige Fäden, an denen die Insekten hängenbleiben sollen. Wir Spinnen sind so schlau, dass wir immer wissen, welches die klebrigen und welches die nichtklebrigen Fäden sind. Ich bewege mich natürlich immer nur auf

Spinne

Sachgeschichte

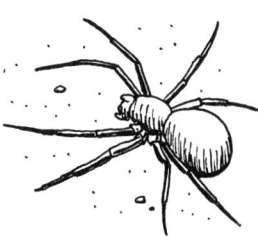

den Lauffäden. Nach einer Stunde ist das Netz fertig. Stolz betrachte ich mein Werk. Es ist wirklich sehr schön geworden. Nun setze ich mich mitten in mein Netz und warte geduldig auf Beute. „Ja, wo seid ihr denn, ihr lieben kleinen Insekten? Ich habe tierischen Hunger! Schaut doch mal bei mir vorbei!" Auf einmal spüre ich mit meinen Tasthaaren eine Erschütterung am Netz. Tatsächlich! Eine Fliege hat sich verfangen. Schnell laufe ich zu ihr. Damit sie nicht mehr zappeln kann, wickle ich sie mit meinen Spinnfäden zu einem festen Paket zusammen. Mit meinen beiden Tastern befühle ich sie und spritze ihr mit meinen Klauen Gift in den Körper. Nach kurzer Zeit ist die Fliege gelähmt. Da mein Mund sehr klein ist, muss ich vor dem Fressen etwas Verdauungssaft auf die Fliege spucken. Dadurch wird das Fleisch flüssig und ich kann die Fliege aufsaugen. Mmh! Die Fliegensuppe schmeckt wirklich gut! Einen Tag später fresse ich die Fäden meines alten Netzes auf und webe ein neues Netz.

Denn nur mit einem ordentlichen Netz kann man gut Tiere fangen. Wir Spinnen weben fast täglich an unserem Netz. Plötzlich spüre ich einen Menschen neben mir. Blitzschnell ziehe ich meine Beine an den Körper und lasse mich an einem Sicherheitsfaden zu Boden fallen. Ich warte, bis der Mensch verschwunden ist, und ziehe mich an dem Faden wieder hoch. Oh nein! Schon wieder wird es mir zu eng. Jetzt muss ich mich schon das fünfte Mal häuten. Puh, geschafft! Ich glaube, ein Wohnortwechsel würde mir jetzt gut tun. An einem sonnigen Herbsttag lasse ich Fäden aus meinen Spinnwarzen am Hinterleib austreten. Ein Wind kommt auf und trägt mich durch die Lüfte. Hurra, ich kann fliegen! Der Wind trägt mich über Wiesen, Felder und Bäche, wirklich eine tolles Gefühl. Rumms! Der Flug ist beendet, ich bin an einem Baum hängengeblieben. Ich krabble zum Baumstamm, laufe zur Erde und suche mir einen geeigneten Ort für mein Netz. In den nächsten Tagen fliegen mir tatsächlich viele Insekten hinein. Satt und zufrieden verziehe ich mich an einem kühlen Herbsttag unter einen Stein und verfalle in eine Kältestarre. Bis zum Frühjahr fresse ich nichts. Erst wenn es wärmer wird, erwärmt sich auch mein Körper und ich kann wieder viele Spinnennetze weben!

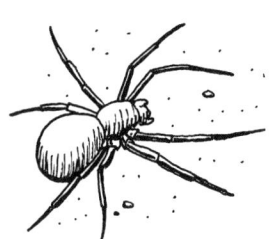

Spinne
Bilderquiz

---

1. Wo leben junge Kreuzspinnen nach dem Schlüpfen?

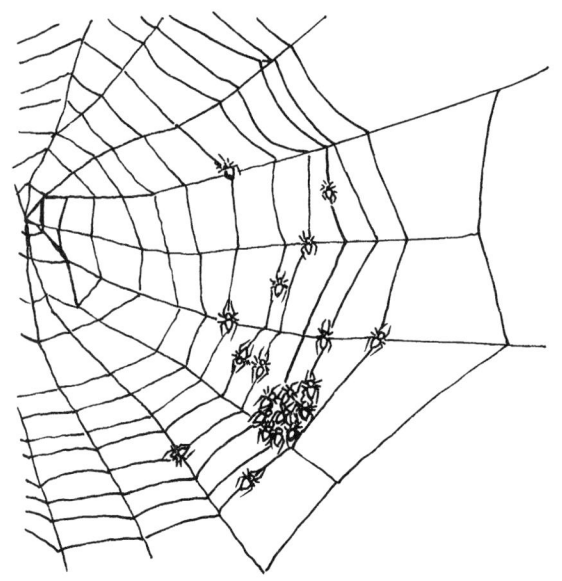

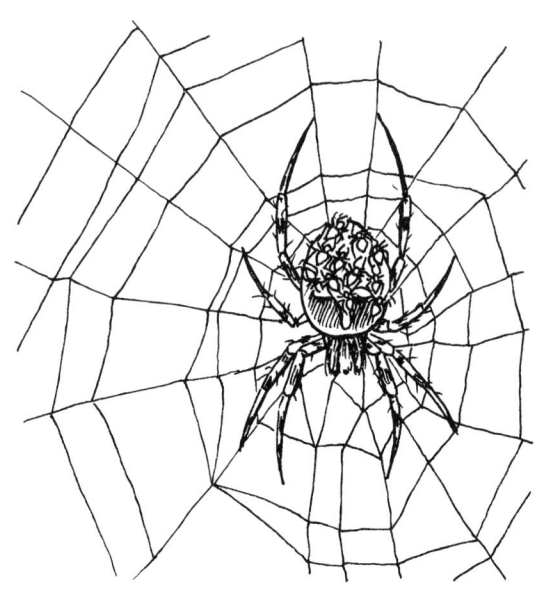

a) ☐ auf einem großen Netz

b) ☐ auf dem Rücken vom Papa

2. Was fressen Kreuzspinnen gerne?

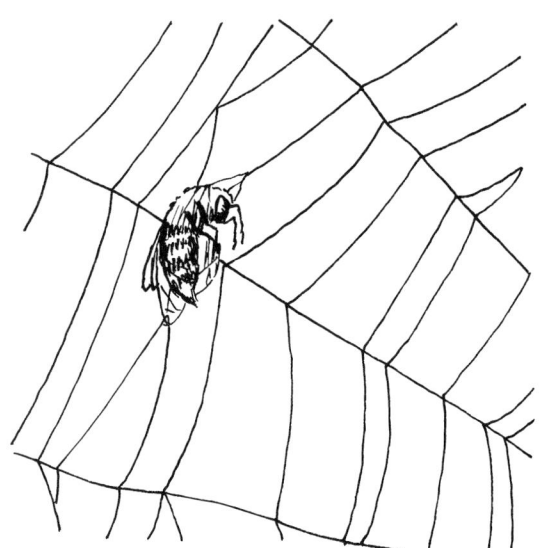

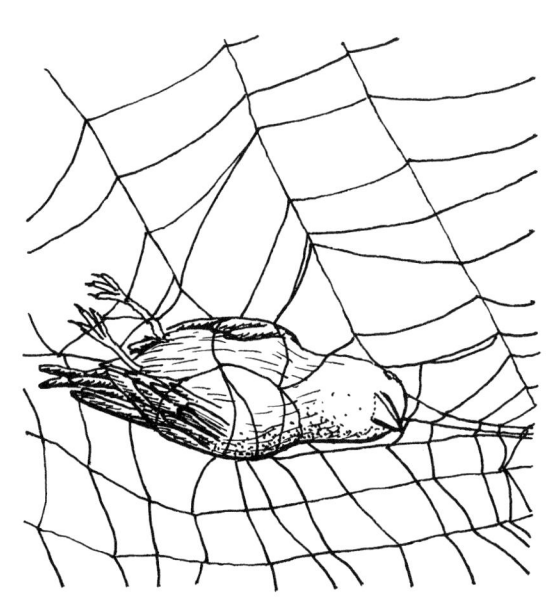

a) ☐ Insekten (zum Beispiel Wespen und Fliegen)

b) ☐ Vögel

Spinne
Bilderquiz

3. Wie fängt eine Kreuzspinne ihre Beute?

a) ☐ Sie jagt ihre Beute zu Fuß.

b) ☐ Sie webt ein Netz und wartet, bis sich ein Beutetier darin verfängt.

4. Was tut eine Kreuzspinne, wenn ein Mensch sie stört?

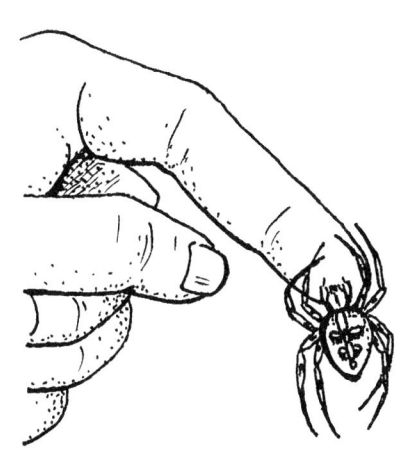

a) ☐ Sie lässt sich an einem Faden zu Boden fallen.

b) ☐ Sie beißt mit ihren Giftklauen den Menschen in die Hand.

Spinne
Textquiz

1. **Wie ernähren sich Kreuzspinnenbabys nach dem Schlüpfen?**

    a) ☐ Sie spinnen ein Netz und fangen Beute darin.
    b) ☐ Sie ernähren sich von ihrem Eidotter.
    c) ☐ Sie fressen sich gegenseitig auf.

2. **Wie viele Augen und Beine haben Spinnen?**

    a) ☐ Spinnen haben 8 Augen und 6 Beine
    b) ☐ Spinnen haben 6 Augen und 6 Beine
    c) ☐ Spinnen haben 6–8 Augen und 8 Beine

3. **Welche Spinnenmütter tragen ihre Babys auf dem Hinterleib?**

    a) ☐ die Vogelspinnen
    b) ☐ die Radnetzspinnen
    c) ☐ die Wolfsspinnen

4. **Aus welcher Stelle des Körpers gelangen die Spinnfäden nach außen?**

    a) ☐ aus den Giftklauen
    b) ☐ aus dem Hinterleib
    c) ☐ aus den Beinen

5. **Wie frisst eine Spinne eine Fliege?**

    a) ☐ Sie kaut die Fliege mit ihren Zähnen und schluckt sie hinunter.
    b) ☐ Sie zerteilt die Fliege mit ihren Tastern in kleine Stückchen.
    c) ☐ Sie spuckt Verdauungssäfte auf die Fliege und saugt die Fliegensuppe auf.

6. **Müssen sich Jungspinnen mehrmals häuten?**

    a) ☐ ja, einige Male
    b) ☐ ja, aber nur einmal
    c) ☐ Jungspinnen brauchen sich gar nicht zu häuten.

7. **Was machen Jungspinnen an sonnigen Herbsttagen?**

    a) ☐ Sie lassen sich vom Wind durch die Luft tragen.
    b) ☐ Sie krabbeln in ein Loch und halten Winterschlaf.
    c) ☐ Sie besuchen ihre Eltern, die vier Sträucher entfernt wohnen.

Spinne

Bewegungsgeschichte

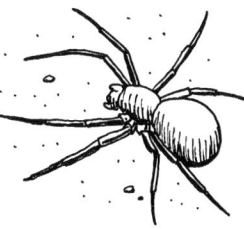

Text	Bewegungsvorschläge
1000 Jungspinnen sind aus den Eiern geschlüpft. Sie krabbeln vorwärts, rückwärts und übereinander. Jetzt verlassen sie ihr Nest.	*„Spinnen" krabbeln im „Gemeinschaftsnetz" vorwärts, rückwärts und übereinander – aufstehen*
Sie spinnen einen Seidenfaden. Ein starker Wind kommt auf und die Spinnen fliegen durch die Luft. Sie landen auf einer großen Wiese. Dort spinnen sie Netze und warten auf Beute.	*einen Faden in die Hand nehmen – hin- und herschaukeln, mit dem Faden „fliegen" – jede „Spinne" landet neben einem Netz*
Viele Insekten fliegen durch die Luft: Bienen, Wespen, Hummeln, Schnaken und Fliegen. Überall summt und brummt es. Nun fliegen sie besonders schnell.	*„Insekten" „fliegen" umher – summen und brummen – Tempo beschleunigen (Spinnen bleiben neben den Netzen sitzen)*
Passt auf euch auf, ihr Insekten, viele Spinnen warten auf euch! Oh nein! Die Insekten fliegen in die Spinnennetze. Sie strampeln wild umher und versuchen, sich zu befreien.	*„Insekten" landen in einem der Netze – mit Armen und Beinen strampeln*
Doch da kommen auch schon die Spinnen angelaufen. Sie wickeln ihre Beute ein. Jetzt spritzen sie Gift in ihre Körper. Die Insekten können sich nicht mehr bewegen.	*„Spinnen" krabbeln zu den „Insekten" – mit den Fäden einwickeln – mit dem Finger „Gift spritzen" – „Insekten" liegen regungslos da*
Nun spucken die Spinnen Verdauungssäfte auf die Tiere. Die Insekten werden immer flüssiger, die Spinnen können das Fleisch aufsaugen. Lecker, diese Insektensuppe! Jetzt weben die Spinnen wieder an ihren Netzen.	*Mund zu den „Insekten" führen, Spuckbewegung (nicht wirklich spucken!) – Mund zu den „Insekten" und Schlürfgeräusche – Netze bearbeiten, Rollentausch!*

Tipp: *Bauen Sie und die Kinder vor Beginn Radnetze aus Wollfäden: Für jedes Netz legen Sie 3 weiße Fäden (je 2 Meter lang) sternförmig auf den Boden. Anschließend legen Sie 3 Fäden (äußerer Faden 3 Meter, mittlerer 2 Meter, innerster 1 Meter lang) kreisförmig darüber. Für jedes Netz wird eine Spinne bestimmt, alle anderen Kinder spielen Insekten. Die Anzahl der Netze sollte so gewählt werden, dass 1 oder 2 Insekten in das Netz fliegen. Als „Gemeinschaftsnetz" in Absatz 1 können Sie eine Decke ausbreiten. Daneben legen Sie für jede Spinne einen „Flugfaden".*

Weißstorch

Ausmalvorlage/Steckbrief

Tiergruppe	Vogel
Systematik	Der Weißstorch zählt zu den Schreitvögeln. In Deutschland gibt es neben dem Weißstorch den im Wald lebenden seltenen Schwarzstorch.
Verbreitung	Die Brutgebiete der Weißstörche finden sich in Europa, Nordafrika und Westasien. In Deutschland leben etwa 4 500 Storchenpaare.
Aussehen/Merkmale	weißes Gefieder mit schwarzen Schwungfedern; langer, spitzer, roter Schnabel; lange, rote Beine; Flügel etwa 2 Meter lang; fliegt mit ausgestrecktem Hals. Um sich zu begrüßen oder andere Störche vom Nest fernzuhalten, klappern Störche mit dem Schnabel. Dabei werfen sie den Kopf zurück und schlagen mit den 2 Schnabelhälften schnell aufeinander.
Lebenserwartung	etwa 10 Jahre; in Gefangenschaft auch über 30 Jahre
Lebensraum	Nestbau bevorzugt auf Felsvorsprüngen, Bäumen, Gebäuden und Strommasten. Das etwa 2 Meter breite Nest kann im Laufe der Jahre bis zu 2 Metern hoch werden. Storchennester werden oft jahrzehntelang benutzt und werden dementsprechend schwer. Ihre Nahrung suchen Störche auf feuchten Wiesen und in Gewässern.

Weißstorch

— Steckbrief

Nahrung	Regenwürmer, Mäuse, Frösche, Eidechsen, Schlangen, Insekten, Fische, gelegentlich auch Aas
Fressfeinde	Störche besitzen kaum Fressfeinde. Sehr selten erbeuten Adler, Habichte, Marder oder Katzen einen Storch.
Verteidigung	Storcheneltern müssen ihren Nachwuchs rund um die Uhr bewachen. Es kann vorkommen, dass ein anderer Storch das Nest erobert und die Eier oder Jungvögel aus dem Nest wirft.
Sinnesorgane	Da der Storch kaum eine Stimme besitzt, verständigt er sich durch Schnabelklappern.
Aktivitätszeit	Tagsüber geht der Storch auf Nahrungssuche, nachts schläft er in seinem Nest.
Revierverhalten	Durch Schnabelklappern macht er deutlich, dass sein besetztes Nest ihm gehört.
Überwinterung	Weißstörche überwintern gerne in Afrika. Wenn sie sogar bis nach Südafrika fliegen, brauchen sie für die bis zu 10 000 Kilometer weite Strecke über 3 Monate. Sie nutzen, so wie Segelflieger, warme Aufwinde, von denen sie sich in große Höhen tragen lassen. Sie gleiten täglich 150–300 Kilometer durch die Lüfte, ohne dass sie viel mit den Flügeln schlagen müssen. Nachts müssen sie rasten, da sich die Aufwinde nur am Tag bilden.
Nachwuchs	Im Frühjahr kehren die Störche aus ihren Winterquartieren zurück. Meist suchen sie ihr Nest („Horst") des Vorjahres auf. Landet ein Weibchen in der Nähe des Horstes, wird es mit Schnabelklappern begrüßt. Das Weibchen kann, aber muss nicht die Partnerin des letzten Jahres sein. Nachdem das Paar das Nest gereinigt und erweitert hat, beginnt die Störchin im Abstand von 2 Tagen 3–7 Eier in das Nest zu legen. Beim Brüten wechseln sich Männchen und Weibchen ab. Nach etwa einem Monat schlüpfen die Storchenküken mit einem weißen Flaumgefieder, einem schwarzen Schnabel und schwarzen Beinen. Die ersten 3 Lebenswochen bewacht immer ein Partner das Nest, während der andere auf Nahrungssuche geht. Die Nahrung wird vom Storch im Hals transportiert und im Nest herausgewürgt. Während des Gerangels um Futter kann es vorkommen, dass zu schwache Kinder nicht genügend Futter abbekommen und sterben. Im Alter von etwa 2 Monaten machen sie die ersten Flugversuche und begleiten ihre Eltern auf die Jagd. Auch die Jungstörche fliegen zum Überwintern nach Afrika.

Weißstorch

Sachgeschichte

Die Sonne ist soeben aufgegangen und ich bin gerade aufgewacht. Auch die anderen Störche neben mir auf der Wiese sind schon auf den Beinen. Wir Störche haben den ganzen Winter in Afrika verbracht und befinden uns auf der Heimreise. Wenn alles gut geht, dann werde ich heute Abend das Storchennest meines Geburtsortes erreichen. Jetzt ist es aber Zeit, zu starten. Ich zeige euch mal, wie wir Störche fliegen, ohne uns besonders anstrengen zu müssen. Zuerst schlage ich mit den Flügeln, um vom Boden ein Stückchen abzuheben. Nun brauche ich einen Wind, der mich hoch in die Lüfte bringt. Hui, gerade hat mich so ein Aufwind erfasst. Meine Flügel sind jetzt ausgebreitet und ich lasse mich in kreisenden Bewegungen weit nach oben tragen. Jetzt bin ich mehr als einen Kilometer von der Erde entfernt. Von unten könnt ihr mich kaum mehr erkennen. Nun verlasse ich den Aufwind und gleite meistens mit ausgestreckten Flügeln. Nachdem ich nun viele Kilometer gesegelt bin, habe ich an Höhe verloren. Ich muss mir wieder einen Aufwind suchen.

Ah, hier ist schon einer. Ich steige kreisend nach oben und gleite wieder viele Kilometer weit. Als die Sonne untergeht, erblicke ich endlich meinen Heimatort. Glücklich lande ich auf dem Horst, meinem Storchennest des letzten Jahres. Es befindet sich auf dem Dach eines alten Bauernhofes. Gerade will ich es mir gemütlich machen, als ein Storchenmännchen direkt über mir kreist. Sofort klappere ich mit dem Schnabel. Dabei werfe ich den Kopf nach hinten und schlage mit meinen zwei Schnabelhälften schnell aufeinander: „Such dir einen anderen Horst, der hier ist schon besetzt", klappere ich drohend. Eingeschüchtert lässt er sich auf dem Nest des Nachbarhauses nieder. Heute scheine ich Glück zu haben. Soeben ist ein Weibchen neben mir gelandet. Wie schön! Wir begrüßen uns sogleich mit Schnabelklappern. Nachdem wir ausführlich geschmust haben, ist es an der Zeit, unser Nest zu erweitern. Mehrere Male fliegen wir auf den Boden und suchen nach neuen Ästen. Die Mitte des Nestes polstern wir mit Heu und Laub aus. Jedes Jahr wird unser Nest höher, jetzt ist es schon fast zwei Meter hoch. „Wollen wir uns etwas zum Fressen suchen?", fragt mich meine Partnerin hungrig. „Einer muss immer am Nest bleiben, damit sich kein anderer Storch einnistet", gebe ich zu bedenken, „geh du zuerst, ich bewache das Nest." Als mein Weibchen nach einer Stunde zurückkehrt, fliege ich zu der nahe gelegenen Feuchtwiese. Langsam schreite ich durchs hohe Gras. Da, eine Heuschrecke! Blitzschnell ergreife ich sie mit meinem spitzen Schnabel. Mal sehen, ob es

Weißstorch

Sachgeschichte

Regenwürmer gibt. Mit leicht geöffnetem Schnabel durchwühle ich die Erde. Hier ist einer, ich fühle es genau. Ich ziehe ihn heraus und verschlinge ihn. „Ssss…", eine Mücke kreist um meinen Kopf. Schnell schnappe ich sie mir aus der Luft. Ich schreite weiter durchs Gras und entdecke ein Mauseloch. Ob wohl eine herauskommt? Letztes Jahr hatte ich Glück. Nachdem ich einige Minuten regungslos vor dem Loch gewartet habe, kommt plötzlich eine herausgeschlüpft. Ich ergreife sie, werfe meinen Kopf zurück und schleudere sie tief in meinen Schnabel. Die ist lecker, das kann ich euch sagen! Doch jetzt muss ich zurückfliegen, mein Weibchen wartet sicherlich schon auf mich. Hui! Ab in die Lüfte und schnell zu unserem Nest. Wie bei jeder Begrüßung klappern wir mit den Schnäbeln. „Du hast ja schon ein schönes weißes Ei gelegt", rufe ich entzückt und biete ihr sofort meine Hilfe beim Brüten an. Ich setze mich auf das Ei, um es zu wärmen. In den nächsten Tagen legt meine Frau noch drei Eier. „Wie viele Eier habt ihr eigentlich in eurem Nest?", ruft der neugierige Storch vom Nachbardach eines Tages zu uns hinüber. „Vier", gebe ich widerwillig Auskunft. „Meine Frau hat sechs Stück gelegt", zischt der Nachbarstorch stolz. „So ein Angeber!", sage ich und drehe ihm den Rücken zu. Einen Monat lang wechseln meine Frau und ich uns mit dem Brüten ab. An einem schönen Tag im Mai ist es so weit. Das erste Küken schiebt sich aus seiner Eischale. Es hat ein weißes Flaumgefieder, einen schwarzen Schnabel und schwarze Beine. Einige Tage später sind auch die anderen drei Storchenjungen geschlüpft. Gerade kommt meine Frau angeflogen. Sie würgt das Futter aus ihrem Hals hervor und spuckt es auf den Nestboden. Hungrig stürzen sich die Kleinen auf die Regenwürmer und Insekten. So geht das nun viele Wochen. Als ich eines Tages von der Futtersuche zurückkehre, staune ich nicht schlecht. Unsere Kinder machen gerade ihre ersten selbstständigen Flugversuche. Ein Glück! Bald können sie uns auf die Wiese begleiten und ihr Futter selbst suchen. Bei unseren Nachbarstörchen haben leider nur vier Störche überlebt. Zwei sind gestorben, da sie nicht genügend Futter abbekamen. Wir sind glücklich, dass bei uns alle Kinder überlebt haben. Obwohl sie noch so jung sind, fliegen auch sie am Ende des Sommers nach Afrika. Zusammen mit anderen Jungstörchen brechen sie zwei Wochen vor uns auf, aber wir werden sie unterwegs treffen. „Eine gute Reise, ihr Lieben, passt gut auf euch auf!", rufe ich ihnen zum Abschied zu.

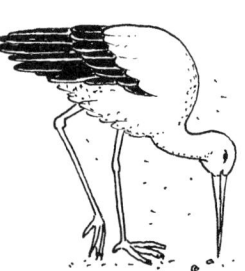

Weißstorch

Bilderquiz

1. Wo verbringen die meisten Störche den Winter?

a) ☐ in Afrika

b) ☐ Sie bleiben zu Hause in ihrem Nest.

2. Was tun Störche, wenn sie sich begrüßen?

a) ☐ Sie umarmen sich mit ihren Flügeln.

b) ☐ Sie klappern mit dem Schnabel.

Kinder lernen Tiere aus Feld und Wiese kennen

Weißstorch

Bilderquiz

3. Wo suchen Störche ihr Futter?

a) ☐ bei den Hühnern auf dem Bauernhof

b) ☐ auf einer Feuchtwiese

4. Was machen Storcheneltern, wenn ihre Küken geschlüpft sind?

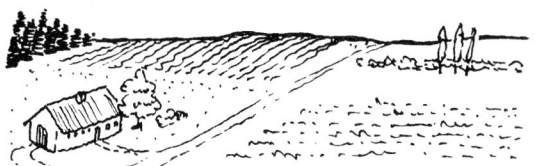

a) ☐ Papa oder Mama Storch bringen Futter ans Nest.

b) ☐ Papa Storch setzt zwei Küken auf seinen Rücken und fliegt mit ihnen zur Wiese.

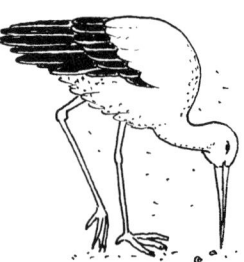

Weißstorch

Textquiz

1. Wie schaffen es Störche, die weite Strecke von Afrika nach Hause zu fliegen?

a) ☐ Sie schlagen viel mit den Flügeln.
b) ☐ Sie nutzen Aufwinde, die sie hoch in die Lüfte bringen.
c) ☐ Sie ruhen sich unterwegs viel aus.

2. Wie klappern Störche mit dem Schnabel?

a) ☐ Sie werfen den Kopf zu Boden und schlagen die Schnabelhälften schnell aufeinander.
b) ☐ Ein Storch klopft mit seinem Schnabel auf einen anderen Storchenschnabel.
c) ☐ Sie werfen den Kopf nach hinten und schlagen die Schnabelhälften schnell aufeinander.

3. Wann klappern Störche mit dem Schnabel?

a) ☐ wenn sie ihren Partner begrüßen
b) ☐ wenn sie Feinde vertreiben wollen
c) ☐ immer, wenn sie fröhlich sind

4. Wie fängt ein Storch eine Heuschrecke?

a) ☐ Er wartet, bis die Heuschrecke auf seinen Schnabel hüpft.
b) ☐ Er verfolgt die Heuschrecke und ergreift sie mit dem Fuß.
c) ☐ Er schreitet langsam durch das Gras und ergreift sie mit seinem spitzen Schnabel.

5. Welche Farbe haben Schnabel und Beine von Storchenjungen?

a) ☐ schwarz
b) ☐ rot
c) ☐ gelb

6. Wie transportieren Storcheneltern das Futter von der Wiese zum Nest?

a) ☐ im Hals
b) ☐ zwischen den Zehen
c) ☐ zwischen den Flügeln

7. Fliegen auch schon Jungstörche nach Afrika?

a) ☐ Nein, sie schaffen die weite Strecke noch nicht.
b) ☐ Ja, sie schaffen die Strecke wie ältere Störche.
c) ☐ Ja, aber auf dem Rücken ihrer Eltern.

Kinder lernen Tiere aus Feld und Wiese kennen

Weißstorch

Bewegungsgeschichte

Text	Bewegungsvorschläge
Wir sind Storchenküken und warten auf unseren Vater. Dort kommt er angeflogen! Wir begrüßen ihn mit Schnabelklappern. Er spuckt einige Regenwürmer in unser Nest. Hungrig stürzen wir uns darauf.	*auf dem Boden sitzen, in die Luft deuten – mit gestreckten Armen vor dem Körper mehrmals in die Hände klatschen – „Regenwürmer" ergreifen*
Wir Storchenkinder sind groß geworden. Vorsichtig klettern wir aus dem Nest und versuchen zu fliegen. „Pflatsch", auf dem Schnabel gelandet! Wir müssen noch ein wenig üben. Das klappt ja schon sehr gut. Wir fliegen los und landen auf einer schönen feuchten Wiese.	*aufrichten, einige Schritte gehen, mit den Armen flattern – auf den Boden fallen – jedes Kind übt für sich selbst – mit ausgebreiteten Armen „fliegen" – stehenbleiben*
Langsam schreiten wir durch das hohe Gras. Da, ein Grashüpfer! Blitzschnell ergreifen wir die Beute. Dann schreiten wir weiter. Ein Frosch hüpft direkt vor uns. Wir stoßen mit unserem Schnabel zu. Gerade ist eine Maus vorbeigehuscht. „Schnapp", schon ist sie im Schnabel.	*schreiten, dabei die Hände als Schnabel aufeinanderlegen – Hände schnell öffnen und schließen – schreiten – die Hände zum Boden und klatschen – Kopf wenden – mit dem „Schnabel" nach der „Maus" schnappen*
Es ist August. Wir wollen nach Afrika fliegen. Ein Aufwind erfasst uns und trägt uns hoch in die Luft. Wir verlassen den Aufwind und segeln viele Kilometer weit. Allmählich verlieren wir an Höhe. Jetzt erfasst uns wieder ein Aufwind.	*mit gestreckten Armen sich mehrmals im Kreis drehen – stoppen und geradeaus „segeln" – in die Knie gehen – Wiederholung beliebig oft*
Die Sonne geht unter, wir landen auf einer Wiese und schlafen. Am nächsten Morgen fliegen wir weiter. Nach etwa 100 Tagen erreichen wir Afrika. Hurra! Wir haben es geschafft! Wir trinken aus einem Fluss und gehen auf Futtersuche.	*in der Hocke landen, Augen schließen – „fliegen" wie in Absatz 4 – stehenbleiben, in die Hände klatschen – „Schnabel" zum Boden und schlürfen – Futter suchen*

Tipp: *In Absatz 1 kann ein Kind den Vater spielen. Als Regenwürmer können Sie z.B. Stifte verwenden. Die Störche können auch wieder nach Deutschland zurückfliegen. Die Kinder können auch eigene Ideen einbringen, z.B. in einen Sturm geraten.*

Wiesel (Hermelin)

Ausmalvorlage/Steckbrief

Tiergruppe	Säugetier
Systematik	Wiesel sind Raubtiere, die zur Familie der Marder gehören. Die häufigste Wieselart in Deutschland ist das große Wiesel (Hermelin). Neben dem Hermelin gibt es auch das kleine Wiesel (Mauswiesel).
Verbreitung	mittleres und nördliches Europa, außer am Mittelmeer, nördliches Asien, Norden der USA, Kanada, Alaska
Aussehen/Merkmale	lang gestreckter und schlanker Körperbau, kurze Beine, Schwanz mit schwarzer Spitze; Sommerfell: braune Oberseite, weiße Unterseite; Winterfell: überall weiß, außer der schwarzen Schwanzspitze. Wiesel leben für sich allein. Da Wiesel viel in Bewegung sind und wenig Körperfett besitzen, haben sie einen großen Nahrungsbedarf. Sie sind fast immer auf Nahrungssuche. Längere Zeit ohne Nahrung ist für das Wiesel lebensbedrohlich.
Lebenserwartung	durchschnittlich etwa 3 bis 5 Jahre
Lebensraum	Wiesen, Felder, Waldränder, Parks, Gärten, Wald, Waldwiesen, Hecken, Gebüsche, Ufer

Wiesel (Hermelin)

Steckbrief

Nahrung	Mäuse, Ratten, Kaninchen, Junghasen, Vögel, Eidechsen, Maulwürfe, Insekten
Jagdverhalten	Bei der Jagd stellt sich das Wiesel immer wieder auf die Hinterbeine, um seine Umgebung zu beobachten, aber auch um Geräusche und Gerüche wahrzunehmen. Hat das Wiesel ein Beutetier entdeckt, schleicht es sich geduckt heran, springt blitzschnell auf das Tier und beißt es in den Nacken. Bei dem Angriff stößt es einen kurzen Schrei aus. Die Beute wird ins Versteck gebracht und dort gefressen. Wiesel können Tiere erbeuten, die so groß wie sie oder sogar noch größer sind. Durch ihre schlanke Gestalt können sie ihre Beute in engen Erdgängen, wie zum Beispiel Mauselöcher, verfolgen.
Fressfeinde	Füchse, Dachse, Greifvögel, Eulen, Steinmarder
Verteidigung	Männliche Wiesel verteidigen ihr Revier gegen andere Männchen, weibliche Wiesel gegen andere Weibchen. Männliche und weibliche Wiesel vertreiben sich nicht. Bei Bedrohung können sie eine übel riechende Flüssigkeit aussondern.
Sinnesorgane	Das Wiesel sieht, riecht und hört sehr gut.
Aktivitätszeit	sowohl am Tag, als auch in der Nacht. Im Winter sind sie eher nachts, im Sommer eher am Tag aktiv.
Revierverhalten	Wiesel kennzeichnen ihre Reviergrenzen mit einer speziellen Flüssigkeit, die aus dem „Po" ausgeschieden wird.
Überwinterung	Wiesel sind das ganze Jahr aktiv.
Nachwuchs	Männliche Wiesel verlassen während der Paarungszeit (Mai bis Juli) ihr Revier und suchen ein Weibchen. Nach der Paarung trennen sie sich wieder. Das befruchtete Ei ruht im Körper des Weibchens und entwickelt sich erst im Winter. Die Jungtiere (etwa 6–9) werden dann im Frühjahr geboren. Das Nest wird mit Gras, Moos, Federn und Laub ausgepolstert. Bei der Geburt haben die Jungtiere ein weißes Fell und sind die ersten Wochen blind. Sie werden etwa 6 Wochen lang gesäugt, erhalten aber schon nach ungefähr 3 Wochen kleine Fleischstückchen. Nach 3 Monaten sind sie selbstständig, jagen jedoch noch eine Zeit lang mit ihrer Mutter. Zu Beginn des Winters löst sich die Familie auf. Männchen sind im Alter von einem Jahr, Weibchen schon nach 3 Monaten geschlechtsreif. Die Männchen sind bei der Aufzucht in aller Regel nicht beteiligt.

Wiesel (Hermelin)

Sachgeschichte

Hallo, liebe Kinder, habt ihr mich schon einmal auf einer Wiese gesehen? Wahrscheinlich noch nicht. Ich bin ein Wieselweibchen und wiesle gerne umher. Ich bin sehr schlank, habe kurze Beine und ein braunes Fell mit weißer Bauchseite. Es ist Frühling geworden und wieder an der Zeit, mein Revier zu überprüfen. Flink wie ein Wiesel laufe ich meine Reviergrenzen ab. Außer mir darf nämlich kein anderes Weibchen in meinem Gebiet leben. Immer wieder spritze ich eine Flüssigkeit aus meinem Po. Diese Flüssigkeit riechen andere Wiesel und wissen, dass ich schon hier lebe. Plötzlich höre ich ein Geräusch. Sofort stelle ich mich auf meine Hinterbeine und schaue mich um. Das kann ja wohl nicht wahr sein, ein Wieselweibchen schnüffelt in meinem Gebiet herum! Ich springe zu ihr hin: „Verschwinde aus meinem Revier, sonst spürst du gleich meine Zähne in deinem Genick", rufe ich bedrohlich. „Reg dich ab, ich bin doch ein Männchen, das stört dich doch gar nicht", entgegnet mir das Wiesel. „Oh, entschuldige, ich dachte, du wärst ein Weibchen", antworte ich schuldbewusst und gehe schnell meines Weges. Das Wieselmännchen hat Recht. Bei uns Wieseln können Männchen und Weibchen problemlos im selben Gebiet leben.

Oh nein! Mein Magen fängt schon wieder an zu knurren. Wir Wiesel bewegen uns sehr viel und besitzen nur wenig Körperfett. Daher sind wir immer hungrig. Beinahe den ganzen Tag verbringen wir mit der Jagd nach Beute. Außer einem Eidechsenschwanz und einem kleinen Vogel habe ich heute noch nichts gefressen. Ich wandere am Waldrand entlang und erreiche eine große Wiese. Um über die hohen Gräser schauen zu können, stelle ich mich auf meine Hinterpfoten und stütze mich dabei mit meinem Schwanz ab. Neugierig schaue ich mich um, schnuppere und lausche. Einfach nichts zu riechen, zu sehen oder zu hören. Enttäuscht laufe ich weiter. Am Ende der Wiese richte ich mich wieder auf. Nach kurzer Zeit steigt mir der Duft eines Kaninchens in die Nase. Gespannt wende ich mich nach allen Seiten. Tatsächlich! Einige Meter vor mir sitzt es und knabbert an einem Grashalm. Das Kaninchen ist viel größer als ich, aber das macht nichts.

Wiesel (Hermelin)

Sachgeschichte

Wir Wiesel sind echte Raubtiere, die auch größere Tiere erbeuten können. Vorsichtig schleiche ich mich heran. Blitzschnell mache ich einen weiten Sprung, stoße einen kurzen Schrei aus und lande auf dem Rücken des Kaninchens. Mit meinen scharfen Zähnen beiße ich ihm in den Nacken. Es ist auf der Stelle tot. Ich packe das Kaninchen mit meinem Maul, trage es in mein Versteck unter eine Baumwurzel und verspeise es. Satt und zufrieden lege ich mich zu einem Schläfchen nieder. Nach drei Stunden wache ich wieder auf, zum Glück nur mit einem ganz leichten Hungergefühl. Als ich gerade unter der Baumwurzel hervorklettere, höre ich eine Vogelstimme über mir. Ich schaue nach oben und entdecke eine Amsel, die mich anspricht: „Hallo, du braunes Wiesel, bist du neu hier, im Winter hatte ein anderes Tier sein Versteck hier." Erstaunt antworte ich: „Das kann nicht sein, ich nutze dieses Versteck schon seit vielen Monaten." „Ich bin mir aber ganz sicher", zwitschert die Amsel beharrlich, „im Winter war hier ein Tier mit ganz weißem Fell und einer schwarzen Schwanzspitze." Ich überlege kurz und muss plötzlich lachen: „Das war doch ich, nur mit meinem weißen Winterfell. Wiesel haben im Sommer ein anderes Fell als im Winter." „Meine Federn sind immer schwarz", stellt die Amsel verwundert fest und fliegt mit lautem Gezwitscher davon. Ich wiesle wieder umher, schnüffle hierhin und dorthin. Plötzlich stolpere ich über einen Maulwurfshügel. Ob ich wieder einen kleinen Maulwurf finde, so wie vor einer Woche? Wäre ja zu schön, denn Maulwürfe schmecken mir besonders gut. Ich strecke meinen Körper in die Länge und stecke meinen Kopf in die Erde. Dann zwänge ich mich in den Gang hinein. Wir Wiesel sind so dünn, dass wir in so enge Gänge, wie die von Maulwürfen oder Mäusen, hineinpassen. Stück für Stück krieche ich vorwärts und lausche immer wieder. Nichts zu hören, wo ist er denn nur? Der Gang führt wieder nach oben, ich schaue wieder aus der Erde heraus. So ein Mist! Ein unbequemer Gang und nicht mal einen Maulwurf gefangen! Jetzt muss ich aber schnell noch ein Nest für meine Kinder bauen. Ich sammle Gräser, Moos und Laub und trage es zu einer Höhle unter einem Felsen. Einen Tag später schlüpfen sieben winzige Wieseljungen aus meinem Bauch. „Herzlich willkommen", begrüße ich sie liebevoll und schlecke ihr weißes Fell. Sofort beginnen sie, an meiner Brust Milch zu trinken. Die nächsten drei Wochen tun sie nichts anderes als schlafen und trinken. „So, meine Kleinen, außer Milch braucht ihr jetzt auch Fleisch", erkläre ich ihnen und schlüpfe aus dem Nest. Ich habe Glück! Vor mir huscht gerade eine Feldmaus. Ich springe auf sie, töte sie mit einem schnellen Biss und bringe sie ins Nest. Nachdem ich sie in kleine Stücke gerissen habe, stürzen sich die Kleinen darauf. Einige Wochen später zeige ich meinen Kindern, wie man jagt. Bald sind sie so selbstständig, dass sie gut allein zurechtkommen. Im Herbst verabschiede ich mich von ihnen: „Lebt wohl, liebe Kinder, und viel Glück beim Jagen, damit ihr auch immer satt werdet!"

Wiesel (Hermelin)

Bilderquiz

1. Wie sieht ein Wiesel aus?

a) ☐ Es ist dick und hat lange Beine.   b) ☐ Es ist dünn und hat kurze Beine.

2. Kann ein Wiesel auch ein größeres Tier erlegen?

a) ☐ ja, zum Beispiel ein Kaninchen   b) ☐ nein, nur gleich große oder kleinere Tiere

Wiesel (Hermelin)

Bilderquiz

3. Was macht ein Wiesel, um Beute zu finden?

a) ☐ Es stellt sich auf die Hinterpfoten und schaut sich um.

b) ☐ Es klettert auf einen Baum und sucht von dort aus nach Beute.

4. Wo bringt ein Weibchen seine Jungen zur Welt?

a) ☐ in einer Höhle unter einem Felsen

b) ☐ in einem Nest auf einem Baum

Wiesel (Hermelin)
Textquiz

1. Wie verhält sich ein Wiesel?

a) ☐ Es ist fast immer in Bewegung.
b) ☐ Es hat meistens großen Hunger.
c) ☐ Es schläft sehr viel.

2. Wen duldet ein Wieselweibchen in ihrem Revier?

a) ☐ ein anderes Weibchen
b) ☐ ein anderes Männchen
c) ☐ gar kein anderes Wiesel

3. Weshalb verbringt ein Wiesel beinahe den ganzen Tag mit der Jagd?

a) ☐ Weil es ohne Jagd sehr langweilig wäre.
b) ☐ Weil es sich für den Winterschlaf eine Fettschicht anfressen muss.
c) ☐ Weil es sich sehr viel bewegt und immer Hunger hat.

4. Wie jagt ein Wiesel ein Kaninchen?

a) ☐ Es springt auf das Kaninchen und tötet es mit seinen scharfen Krallen.
b) ☐ Es springt auf das Kaninchen und beißt es in den Nacken.
c) ☐ Es springt vor das Kaninchen und stellt sich auf seine Hinterpfoten.

5. Welche Fellfarbe hat ein Wiesel im Frühjahr und im Sommer?

a) ☐ braun mit weißer Bauchseite
b) ☐ weiß mit schwarzer Schwanzspitze
c) ☐ weiß mit schwarzen Pfoten

6. Kann ein Wiesel durch Maulwurfs- oder Mausegänge kriechen?

a) ☐ Nein, diese Gänge sind viel zu eng.
b) ☐ Nein, das Wiesel bleibt bereits im Maulwurfshügel stecken.
c) ☐ Ja, da das Wiesel sehr dünn ist, passt es hindurch.

7. Wie ernähren sich Wieseljungen drei Wochen nach ihrer Geburt?

a) ☐ Sie trinken nur Milch bei ihrer Mutter.
b) ☐ Sie trinken Milch und bekommen kleine Fleischstückchen.
c) ☐ Sie gehen selbstständig auf die Jagd.

Wiesel (Hermelin)

Bewegungsgeschichte

Text	Bewegungsvorschläge
Flink läuft das Wiesel umher. Es schnüffelt hierhin und dorthin. Nun klettert es einen Baumstamm hoch, stiehlt ein Vogelei und verspeist es. Mmh, köstlich! Dann klettert es den Baumstamm hinunter und schwimmt über einen Bach.	*umherlaufen – immer wieder den Oberkörper senken und schnüffeln – Kletterbewegung nach oben, „Ei" greifen, zum Mund führen, schmatzen – Kletterbewegung nach unten, paddeln wie ein Hund*
Plötzlich stellt sich das Wiesel auf seine Hinterpfoten. Gespannt schaut es sich um. Dort, eine Ratte am Flussufer! Langsam schleicht sich das Wiesel heran. Es macht einen Riesensprung und landet auf der Ratte. Schnell beißt es in ihren Nacken.	*„Männchen machen" – den Kopf nach links und rechts drehen – auf eine „Ratte" deuten – anschleichen – großer Sprung, mit den Händen auf der „Ratte" landen – „Ratte" zum Mund führen, beißen*
Im Maul schleppt es die Ratte zu seinem Versteck. Dort frisst es die Beute auf. Dann ruht sich das Wiesel aus. Doch bald hat es schon wieder Hunger. Es wieselt wieder umher. Eine Maus huscht durch das Gras. Das Wiesel springt, doch die Maus ist im Loch verschwunden.	*„Ratte" evtl. in den Mund nehmen, zum „Versteck" krabbeln – Fressgeräusche – auf den Boden legen, still sein – an den Bauch fassen – aufstehen, umherlaufen – vor sich deuten – Sprung in die Hocke und neben dem Tuch landen*
Das Wiesel will die Maus unbedingt erwischen. Es zwängt sich in das Mauseloch und läuft den Gang entlang. Wo ist sie nur hin? In diese Richtung vielleicht? Nein, hier ist sie nicht. Vielleicht im anderen Gang.	*unter das Tuch schlüpfen, krabbeln – in eine Richtung deuten, dorthin krabbeln – in eine andere Richtung krabbeln*
Tatsächlich, da ist sie. Das Wiesel packt die Maus und tötet sie mit einem Biss. Es trägt sie in sein Versteck. Dort frisst es die Maus. Satt und zufrieden ruht sich das Wiesel aus.	*auf eine „Maus" deuten – „Maus" ergreifen, zum Mund führen, beißen, „Maus" evtl. in den Mund nehmen, zum „Versteck" krabbeln – Fressgeräusche – sich hinlegen, still sein*

Tipp: *Bestimmen Sie vorher ein Versteck, und verteilen Sie einige Gegenstände als Ratten auf dem Boden. Als Mauseloch breiten Sie ein Tuch aus und legen Gegenstände als Mäuse unter das Tuch.*

Kinder lernen Tiere aus Feld und Wiese kennen

Zauneidechse

Ausmalvorlage/Steckbrief

Tiergruppe	Reptil
Systematik	Eidechsen sind Schuppenkriechtiere, die zur Familie der Echten Eidechsen gehören. In dieser Familie gibt es etwa 150 Arten in Europa, Asien und Afrika.
Verbreitung	große Teile Europas. In Deutschland sind neben der Zauneidechse die Waldeidechse und die Blindschleiche weit verbreitet.
Aussehen/Merkmale	Größe: etwa 20 Zentimeter; der Schwanz ist etwa doppelt so lang wie der Rest des Körpers; Farbe: braune Grundfarbe mit vielen Mustern und hellen Flecken; während der Paarungszeit verfärben sich bei den Männchen der Kopf und die Seiten auffällig grün. Eidechsen leben auf dem Boden, können aber auch klettern und springen. Sie mögen Wärme und legen sich häufig in die Sonne. Erst wenn sie aufgewärmt sind, können sie sich schnell bewegen.
Lebenserwartung	etwa 6 Jahre
Lebensraum	Heckenlandschaften, Wiesen, Waldränder, Wildgärten, Bahndämme, Steinbrüche. Sie bevorzugen sonnige und trockene Gebiete.

Zauneidechse

— Steckbrief

Nahrung	vor allem Insekten (zum Beispiel Heuschrecken, Käfer, Fliegen, Raupen, Ameisen), aber auch Würmer, kleine Nacktschnecken und Spinnen.
Fressfeinde	Vögel, Marder, Kreuzotter, Greifvögel, Wiesel, Füchse, Igel
Verteidigung	Durch das gefleckte Schuppenkleid ist die Eidechse gut getarnt. Bei Gefahr kann sie auch ihren Schwanz abwerfen. Dieser wächst wieder nach, ist jedoch nicht mehr so lang wie vorher.
Sinnesorgane	Die Eidechse kann gut sehen, aber auch gut hören. Mit einem speziellen Organ im Rachen kann sie auch Düfte wahrnehmen.
Aktivitätszeit	tagaktiv; je wärmer es ist, desto aktiver sind die Tiere. Bei starker Mittagshitze und auch nachts verkriechen sich Eidechsen in ihre Unterschlüpfe.
Revierverhalten	Während der Paarungszeit verteidigen die Männchen ihr Revier. Dringt ein Männchen in das Revier eines anderen ein, so droht ihm der Revierinhaber zuerst. Lässt sich der Eindringling davon nicht beeindrucken, kann es zum Kampf kommen. Beide versuchen, sich dann mit ihrem Maul zu packen. Dabei kann es passieren, dass sie sich gegenseitig mit einem Biss am Kopf festhalten und schütteln. Gelegentlich kommt es zu Verletzungen. Gibt ein Männchen auf, so hebt es den Vorderkörper nach oben und bewegt dabei seine Vorderbeine schnell auf und ab ohne sich fortzubewegen. Dies wird auch „Treteln" genannt. Weibchen kämpfen um kein Revier.
Überwinterung	Eidechsen sind wechselwarm; dies bedeutet, dass ihre Körpertemperatur immer der Umgebungstemperatur entspricht. Im Winter suchen sie sich einen frostgeschützten Ort, zum Beispiel unter Steinen oder in Erdspalten, und verfallen in eine Kältestarre.
Nachwuchs	Nach der ersten Häutung im Frühjahr beginnt Ende April die Paarungszeit. Nach der Paarung bleibt das Männchen noch einige Stunden oder Tage in der Nähe des Weibchens, um andere Männchen zu vertreiben. Nach etwa 2 bis 3 Wochen sucht sich das Weibchen für die Eiablage eine offene und sonnige Stelle, meist in sandigem Boden. Es gräbt ein kleines Loch und legt 5–14 weichschalige, weiße Eier hinein. Damit sich die Eier gut entwickeln, brauchen sie sowohl Wärme als auch Feuchtigkeit. Bei optimalen Bedingungen schlüpfen die Jungen schon nach 5 Wochen, bei schlechten Bedingungen kann es 3 Monate dauern. Der Schlüpfvorgang dauert einige Stunden. Die geschlüpften Jungtiere sind etwa 5 Zentimeter groß und sofort selbstständig.

Zauneidechse

Sachgeschichte

Guten Morgen, liebe Sonne! Schön, dass du auf mich scheinst und meinen schuppigen, kalten Körper erwärmst. Mmh, die Wärme tut wirklich gut. Endlich spüre ich meinen Kopf, meinen Rumpf, meine vier Beine und meinen langen Schwanz wieder. Je wärmer es ist, desto schneller können wir Eidechsen uns bewegen. Ssss... eine Mücke schwirrt um meinen Körper. Ssss..., jetzt hat sie sich auf meinem Schwanz niedergelassen. „Geh sofort runter, du kitzelst mich", rufe ich unfreundlich. Ssss... jetzt ist sie auf meinen Rücken geflogen. „Werd ja nicht frech, du kleines Biest!" Ssss... jetzt ist sie doch tatsächlich auf meinem Kopf gelandet. Ärgerlich schüttle ich meinen Kopf. Die Mücke hebt ab und fliegt mir direkt vor die Schnauze. Schnapp, schon habe ich sie erwischt. Schmeckt gar nicht so schlecht. Zufrieden mache ich mich auf den Weg. Hinter einem großen Steinhaufen entdecke ich plötzlich zwei Eidechsenmännchen, ein kleineres und ein größeres. Beide haben am Kopf und an den Seiten eine leuchtend grüne Farbe. Sie liegen sich mit erhobenem Kopf und aufgerissenem Maul gegenüber. Plötzlich stürmt die kleinere Eidechse auf die größere zu, und versucht, sie zu beißen. Zack, daneben! Jetzt packt das größere Männchen das kleinere Männchen am Schwanz und beißt ihm anschließend in das linke Hinterbein. Das kleinere Männchen weicht zurück und bewegt schnell seine Vorderbeine auf und ab. „Ich gebe auf, lass mich in Ruhe", winselt es. „Dann verschwinde aber sofort und lass dich hier nie wieder blicken", ruft das große Männchen drohend. So schnell wie möglich verschwindet der Verlierer hinter einem Baum. Neugierig krieche ich zu dem Gewinner und frage ihn: „Weshalb hast du mit dem Eidechsenmännchen gekämpft?" „Es ist doch Paarungszeit, deshalb habe ich es aus meinem Revier vertrieben", antwortet mir der Sieger stolz. Da entdecke ich zwei Narben an seinem Kopf: „Das müssen ja schlimme Verletzungen gewesen sein", stelle ich mitleidig fest. „Ich habe letztes Jahr mit einem Männchen sehr heftig gekämpft. Wir haben uns gegenseitig in die Köpfe gebissen und uns minutenlang hin und her geschüttelt", erklärt mir das Männchen, „deshalb habe ich jetzt Narben." „Ein Glück, dass wir Weibchen nicht miteinander kämpfen", antworte ich erleichtert. Gemeinsam kriechen wir auf den Steinhaufen und nehmen ein ausgiebiges Sonnenbad. Wir bleiben eine Zeit lang zusammen. Mein neuer Freund bleibt meistens in meiner Nähe. Als ich jedoch heute Morgen aus meinem Versteck gekrochen bin, war er verschwunden. Keine Ahnung, wo er hin ist. Ich lege mich auf einen Baumstamm und sonne mich ausführlich. In letzter Zeit bin ich ganz schön dick geworden. Die Eier in meinem Bauch werden immer größer, es ist an der Zeit, sie abzulegen. Ich wandere umher und suche eine geeignete Ablagestelle.

Zauneidechse

Sachgeschichte

Hier unter dem Baum lieber nicht, da ist es zu schattig. Vielleicht dort drüben neben der Hecke? Leider auch nicht, der Boden ist zu hart. Ich wandere die Hecke entlang und entdecke plötzlich lockeren Sandboden. Diese Stelle ist gut geeignet, die Sonne scheint den ganzen Tag darauf. Nun beginne ich, ein kleines Loch zu graben. Anschließend lege ich sieben Eier hinein. Viele Wochen wird es nun dauern, bis meine Kinder schlüpfen. Sie werden die weiche Eischale durchbeißen und versuchen, aus dem Ei herauszukommen.

Das dauert einige Stunden und ist für sie sehr anstrengend. Nachdem sie geschlüpft sind, können sie sofort davonlaufen und sich ihr Fressen selbst suchen. Sie werden mich also gar nicht brauchen. Plötzlich flattert ein Schmetterling über mir und schreit aufgeregt: „Verschwinde schnell, ein Wiesel schleicht sich heran!"

So schnell ich nur kann, husche ich in die Hecke. „So ein Mist, sie ist einfach verschwunden", höre ich das Wiesel enttäuscht rufen. Doch auf einmal entdeckt es eine andere Eidechse. Langsam schleicht sich das Wiesel an sie heran. Es setzt zum Sprung an. Für die Eidechse ist es zu spät, um zu fliehen. Da bleibt nur eines: Blitzschnell wirft sie ihren Schwanz ab und rennt davon. Das Wiesel stürzt sich auf den zappelnden Eidechsenschwanz. „Das ist ja nur der Schwanz", stellt es ärgerlich fest und wieselt davon. Es ist wirklich hilfreich, dass wir Eidechsen bei Gefahr einfach unseren Schwanz abwerfen können. Er wächst nach einiger Zeit wieder nach, wird dann aber nicht mehr so lang wie vorher. Es ist Herbst geworden und die Tage werden immer kälter. Ich schlüpfe unter einen Steinhaufen, und liege kalt und starr den ganzen Winter über hier unten. Doch an einem sonnigen Frühlingstag krieche ich vorsichtig nach draußen, und sonne mich auf dem warmen Sandboden. Plötzlich zwickt und juckt es mich am ganzen Körper. Oh, nein, nicht schon wieder! Immer nach der Winterstarre muss ich mich häuten. Das ist wirklich lästig. Hau-ruck, hau-ruck! Ich versuche, meine Haut abzustreifen. Noch ein kleines Stückchen, dann habe ich es geschafft. Ein Glück, sie ist unten! Das ging heute aber schnell. Jetzt muss ich aber los, ich habe ganz schönen Hunger. Wo seid ihr nur, ihr Käfer, Heuschrecken, Fliegen und Ameisen? Zeigt euch mal, ich freue mich schon auf euch.

Zauneidechse

Bilderquiz

---

1. Was frisst eine Eidechse?

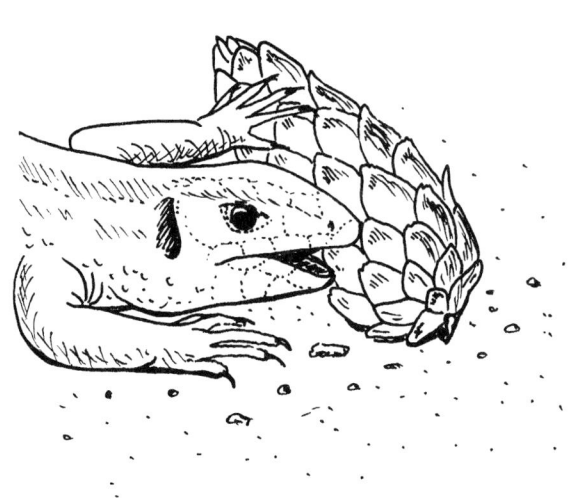

a) ☐ Insekten, zum Beispiel eine Mücke

b) ☐ die Samen von einem Baumzapfen

2. Muss eine Eidechsenmutter ihre Kinder füttern?

a) ☐ Ja, die Mutter füttert sie mit Insekten.

b) ☐ Nein, die Kinder können selbst auf Futtersuche gehen.

Zauneidechse

— Bilderquiz

3. Wie verteidigt sich eine Eidechse gegen Angreifer, wie z.B. das Wiesel?

a) ☐ Sie hebt den Kopf an und reißt drohend das Maul auf.

b) ☐ Sie wirft ihren Schwanz ab.

4. Was macht eine Eidechse, nachdem sie aus der Winterstarre erwacht ist?

a) ☐ auf einen Baum klettern

b) ☐ sich ausgiebig sonnen

Zauneidechse

Textquiz

1. Kreuze die richtige Antwort an!

- a) ☐ Je wärmer es ist, desto langsamer bewegen sich Eidechsen.
- b) ☐ Je kälter es ist, desto schneller bewegen sich Eidechsen.
- c) ☐ Je wärmer es ist, desto schneller bewegen sich Eidechsen.

2. Wie zeigt ein kleineres Eidechsenmännchen seinem Gegner, dass es aufgibt?

- a) ☐ Es bewegt seinen Schwanz schnell auf und ab.
- b) ☐ Es bewegt seine Vorderbeine schnell auf und ab.
- c) ☐ Es schüttelt heftig den Kopf.

3. Woher kommen die Verletzungen am Kopf eines Männchens?

- a) ☐ Es ist an einen scharfen Stein gestoßen.
- b) ☐ Ihm ist ein harter Zapfen auf den Kopf gefallen.
- c) ☐ Es hat mit einem Männchen sehr heftig gekämpft.

4. Wo legt ein Weibchen seine Eier ab?

- a) ☐ An einer schattigen Stelle unter einem Baum.
- b) ☐ An einer sonnigen Stelle im Sandboden.
- c) ☐ Mitten in der geschützten Hecke.

5. Wie lange dauert der Schlüpfvorgang?

- a) ☐ nur wenige Minuten
- b) ☐ einige Stunden
- c) ☐ viele Tage lang

6. Wächst der abgeworfene Schwanz wieder nach?

- a) ☐ Ja, aber er wird nicht mehr so lang wie vorher sein.
- b) ☐ Nein, er wächst nicht mehr nach.
- c) ☐ Ja, er wächst wieder vollständig nach.

7. Was macht eine Eidechse nach der Winterstarre?

- a) ☐ Sie wärmt sich in der Sonne, und häutet sich dann.
- b) ☐ Sie vertreibt ein anderes Weibchen aus ihrem Revier.
- c) ☐ Sie geht sofort auf Futtersuche.

Zauneidechse

Bewegungsgeschichte

Text	Bewegungsvorschläge
Achtung, gleich ist es soweit! Die Eidechse beißt das Ei auf. Dann zwängt sie sich aus der Eischale heraus. Ist das anstrengend! Nach dem Schlüpfen nimmt sie sogleich ein Sonnenbad. Mmh, ist das angenehm!	*im Fersensitz Mund öffnen und schließen – mit den Händen Kletterbewegungen nach oben, dabei mit dem Körper wackeln – auf den Bauch legen, Arme und Beine von sich strecken*
Nun kriecht sie los. Sie frisst viele kleine Tierchen: Ameisen, Spinnen, Fliegen und Grashüpfer. Dann sonnt sie sich wieder, eine ganze Stunde lang. Jetzt geht sie nochmals auf Futtersuche.	*auf allen vieren krabbeln – Kopf immer wieder senken, schmatzen – auf den Bauch legen, Arme und Beine von sich strecken – Futtersuche wie eben*
Im Herbst kriecht sie unter einen Steinhaufen und verfällt in eine Kältestarre. Fast 7 Monate bleibt sie still und starr liegen. Im Frühling wacht sie auf und kriecht aus ihrem Versteck. Jetzt muss sie sich häuten. Sie streift einfach ihre alte Haut ab.	*auf den Bauch legen – laut bis 7 zählen – auf allen vieren krabbeln – im Fersensitz die Hände seitlich am Körper von oben nach unten streichen, dann mit dem Po wackeln*
Plötzlich trifft sie auf ein anderes Männchen. Beide reißen das Maul auf und bedrohen sich. Nun versuchen sie, sich gegenseitig zu beißen. Eine Eidechse gibt auf. Sie bewegt die Vorderbeine schnell auf und ab. Dann läuft sie davon.	*sich mit dem Partner zusammenfinden, sich gegenüber knien und den Mund aufreißen – versuchen, sich zu „beißen" (nicht grob sein) – „Verlierer" schlägt im Wechsel die Hände auf den Boden, wegkrabbeln*
Ein Wiesel schleicht sich an die Eidechse heran. Es springt mit seinen Pfoten auf den Schwanz. Schnell, Eidechse, wirf deinen Schwanz ab! Das war aber knapp! Das Wiesel frisst den Schwanz und verschwindet. Die Eidechse legt sich in die Sonne und erholt sich von dem Schreck.	*„Wiesel" steht auf und schleicht sich an das Seil heran – Sprung und mit den Händen Seil ergreifen – Seil aus der Hose ziehen – Seil zum Mund führen, kauen, weglaufen oder krabbeln – „Eidechse" legt sich auf den Bauch*

Tipp: *Jedes Kind steckt sich als Schwanz ein Stück eines ca. ein Meter langen Seiles in die Hose. Die Paare am besten vorher festlegen und ausmachen, wer den Verlierer spielt. Der Verlierer spielt dann auch das Wiesel.*

Komm, wir spielen!

- → Bewegungsspiele
- → Versteckspiele
- → Sinnesspiele
- → Geschicklichkeitsspiele
- → Tierratespiele

Komm, wir spielen!
Bewegungsspiele

1

Die Eidechse wirft ihren Schwanz ab

Spielort: ebene Fläche

Teilnehmerzahl: ab 3

Material: Wäscheklammern mit Schnur als Eidechsenschwänze

Info: Auch Eidechsen haben einige Feinde, wie zum Beispiel Greifvögel, Wiesel oder Kreuzottern. Fühlen sich Eidechsen bedroht, haben sie die Möglichkeit, ihren Schwanz abzuwerfen. Der Feind wird abgelenkt, und die Eidechse kann fliehen. Der verlorene Schwanz wächst nach einiger Zeit wieder nach.

So geht's:
Zwei Drittel der Kinder spielen die Eidechsen, ein Drittel die Feinde. Die Eidechsen bekommen in Hüfthöhe hinten an die Kleidung eine Wäscheklammer mit Schnur als Schwanz angeklemmt. Drei weitere Klammern werden als „Ersatzschwänze" vorne am Oberteil befestigt. Nach dem Startzeichen rennen die Eidechsen davon und die Feinde versuchen, die Eidechsen zu erwischen. Hat ein Feind eine Klammer erbeutet, so klemmt er sie an die eigene Kleidung. Die Eidechse kann sich einen „Ersatzschwanz" hinten anklammern. Welcher der Feinde schafft es, die meisten Schwänze zu erbeuten?

→ Variante:
Alle Kinder sind gleichzeitig Eidechsen und Feinde: Jedes Kind bekommt zwei oder drei Klammern angeklemmt. Nach dem Startzeichen gehen alle auf Klammerfang. Hat ein Kind eine Klammer erbeutet, steckt es sie an seine eigene Kleidung. Sieger ist, wer die meisten Klammern erbeutet hat.

2

Lauft, Häschen, lauft!

Spielort: ebene Fläche

Teilnehmerzahl: ab 3

Material: Ball oder Säckchen

So geht's:
Ein Kind wird als Jäger bestimmt. Die anderen Kinder sind Hasen, und schlafen am Boden liegend in einer Erdmulde. Nun werfen Sie einen Ball oder ein Säckchen in die Luft und rufen: „Lauft, Häschen, lauft!" Daraufhin springen die Hasen auf und rennen, so schnell sie können, davon. Der Jäger muss den Ball/das Säckchen möglichst schnell fangen und laut „stopp" rufen. Bei „stopp" müssen alle Hasen sofort stehenbleiben. Der Jäger geht drei Schritte auf einen Hasen zu, dabei zählt er laut bis drei. Dann versucht er, den Hasen mit dem Ball/Säckchen zu treffen. Der getroffene Hase ist der neue Jäger. Trifft der Jäger den Hasen nicht, versucht er, einen anderen Hasen zu treffen. Stehen die Hasen sehr weit entfernt, darf er nochmals 3 Schritte gehen.

Tipp: Bei einer größeren Gruppe können auch mehrere Jäger bestimmt werden.

Komm, wir spielen!

Bewegungsspiele

③ Fang den Grashüpfer

Spielort: überall

Teilnehmerzahl: ab 2

Material: keines

Info: Grashüpfer können zwar schnell und weit springen, werden aber trotzdem von einigen anderen Tieren, wie zum Beispiel Störchen, erwischt und verspeist.

So geht's:
Die Kinder gehen paarweise zusammen und sprechen sich ab, wer Storch und wer Grashüpfer spielen möchte. Der Storch stellt sich 1–2 Meter von dem Grashüpfer entfernt auf. Dieser führt nun einen einzigen Sprung aus. Anschließend springt der Storch ebenfalls mit einem einzigen Sprung in Richtung Grashüpfer. Weitere Sprünge finden immer im Wechsel statt. Der Grashüpfer ist gefangen, sobald der Storch ihn berühren kann.

→ Variante 1:
Die Sprünge der beiden Tiere werden laut mitgezählt. Ist der Grashüpfer nach dem 15. Sprung nicht gefangen, hat er gewonnen.

→ Variante 2:
Anstatt immer nur einen Sprung zu machen, springen die Tiere ohne Unterbrechung und versuchen, sich so zu fangen.

Tipp: Bei dem Spiel „Tierstation-Rallye Station Heuschrecke" sind unterschiedliche Sprungarten dargestellt, die auch in diesem Spiel zum Einsatz kommen können. Noch interessanter wird es, wenn nicht nur geradeaus, sondern auch um Bäume herum gesprungen wird.

④ Wiesel, Igel, Schnecke

Spielort: ebene Fläche

Teilnehmerzahl: ab 2

Material: keines

So geht's:
Die Kinder laufen durcheinander. Ruft der Spielleiter „Wiesel", verwandeln sich die Kinder in Wiesel und rennen, so schnell sie können. Kurze Zeit später ruft der Spielleiter „Igel". Die Kinder verlangsamen ihr Tempo. Nach dem Zuruf „Schnecke" bewegen sich die Kinder in Zeitlupentempo. Der Spielleiter ruft die Kommandos nun in beliebiger Reihenfolge. Wenn z.B. die Schnecke direkt nach dem Wiesel kommt, müssen die Kinder abrupt abbremsen. Wird das Wiesel nach der Schnecke genannt, müssen die Kinder rasant beschleunigen.

Tipp: Es können anstelle von Wiesel, Igel, Schnecke auch andere Tiere zugerufen werden: z.B. Hase, Maus, Regenwurm. Wichtig ist nur, dass sich die drei Tiere deutlich im Lauftempo unterscheiden.

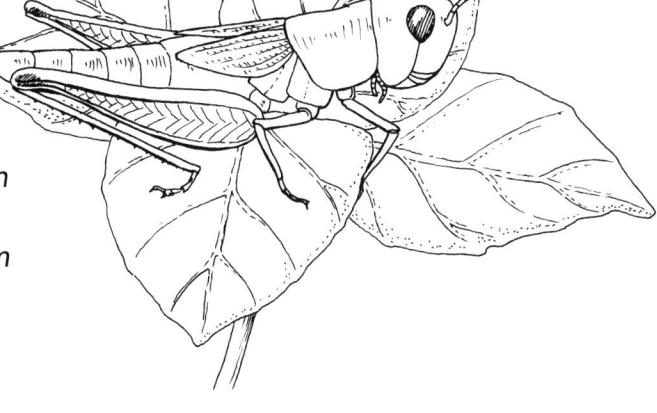

Komm, wir spielen!

Bewegungsspiele

5

Marienkäfer, nehmt euch in Acht!

Spielort: ebene Fläche im Freien

Teilnehmerzahl: ab 3

Material: Wasserpistolen oder Plastiksprühflaschen, schwarze Kniestrümpfe

Info: *Alle Spinnen fressen gerne Insekten. Viele Spinnen weben ein Netz und warten ab, bis sich ein Beutetier darin verfängt. Es gibt jedoch auch Spinnenarten, die selbst auf die Jagd gehen. Im folgenden Spiel möchte eine Jagdspinne einen Marienkäfer verspeisen. Doch gerade, als die Spinne zugreifen will, gibt der Marienkäfer eine stinkende Flüssigkeit von sich. Wird die Spinne ihn trotzdem verspeisen?*

So geht's:
Ein Drittel der Kinder spielt die Spinnen, zwei Drittel die Marienkäfer. Die Spinnen ziehen sich ein paar schwarze Kniestrümpfe über die Arme. Die Marienkäfer werden mit gefüllten Wasserpistolen oder Sprühflaschen ausgerüstet. Anschließend verstecken sich die Marienkäfer oder rennen davon. Bevor sich eine Spinne einen Marienkäfer schnappen kann, wehrt sich dieser mit einem oder mehreren Schüssen aus seiner Pistole bzw. Flasche.

→ **Variante:**
Sie als Spinne rennen davon, und alle Marienkäfer versuchen, Sie mit Wasser zu bespritzen.

Tipp: *Dieses erfrischende Spiel ist besonders für heiße Sommertage geeignet.*

6

Wer stolpert über mein Spinnennetz?

Spielort: Rasen, Raum

Teilnehmerzahl: ab 3

Material: für jede Spinne ein Badetuch und ein Stück Seil (0,5 bis 1 Meter lang); evtl. Gegenstände, um das Spielfeld zu begrenzen

Info: *Nicht alle Spinnen jagen ihre Beute mit dem Netz. Es gibt Spinnen, die ihrer Beute in einer Höhle auflauern. Um ihre Wohnhöhle herum weben sie „Stolperfäden". Geht nun z.B. ein Käfer an ihrer Wohnungstür vorbei, bleibt er in den „Stolperfäden" hängen. Die Spinne spürt die Erschütterung, öffnet ihre Eingangstür und eilt blitzschnell nach draußen, um den Käfer zu überwältigen.*

So geht's:
Ein Drittel der Kinder spielt die Spinnen, zwei Drittel die Käfer. Jede Spinne sitzt oder kniet unter einem Badetuch als Wohnhöhle und hält eine Schnur als Stolperfaden in einer Hand. Die Schnur schaut unter dem Badetuch hervor. Die Käfer krabbeln auf allen vieren umher. Nach kurzer Zeit rufen Sie: „Alle Käfer stolpern über ein Spinnennetz!" Nun krabbeln die Käfer zu einer Wohnhöhle und ziehen am Faden einer Spinne.
Sobald die Spinne das Ziehen spürt, stürzt sie aus ihrer Höhle und versucht, krabbelnd einen Käfer zu fangen und mit dem Seil einzuwickeln. Nicht grob sein!

Komm, wir spielen!

Bewegungsspiele

⑦ Wiesel jagen Kaninchen

Spielort: überall, wo es Versteckmöglichkeiten gibt

Teilnehmerzahl: ab 3

Material: Äste oder andere Gegenstände als Kennzeichen für den Kaninchenbau

Info: Wiesel können größere Tiere als sie selbst erbeuten, wie z.B. auch Kaninchen.

So geht's:
Erzählen Sie: „Die Wiesel sind gerade auf der Jagd. Sie kommen an einem Kaninchenbau vorbei und kriechen ein Stück in den Bau hinein. Die Kaninchen sind jedoch unterwegs. Deshalb beschließen die Wiesel, die Kaninchen zu suchen."

Legen Sie vor Spielbeginn mit den Kindern gemeinsam den Ort für den Kaninchenbau fest. Anschließend teilen sich die Kinder in Wiesel und Kaninchen auf. Während die Wiesel am Kaninchenbau die Augen schließen und bis 30 zählen, verstecken sich die Kaninchen. Dann klatschen die Wiesel in die Hände und rufen dabei: „Kaninchen, Kaninchen, hört gut zu, wir fangen euch gleich im Nu!" Nun versuchen die Wiesel, die Kaninchen aufzuspüren. Wird ein Kaninchen von einem Wiesel gefunden, so kann es davonrennen und sich in seinen Kaninchenbau flüchten.

Komm, wir spielen!

Versteckspiele

1 Igel im Blätterhaufen

Spielort: überall, wo abgefallenes Laub liegt

Teilnehmerzahl: ab 2

Material: Kartoffeln, Streichhölzer, Filzstifte, Blätterhaufen

So geht's:
Zuerst fertigt jedes Kind eine kleine Igelfamilie (z.B. eine Mutter mit ihren beiden Kindern) an. Dazu malen die Kinder auf jede Kartoffel ein Gesicht mit Filzstift. Am besten verwendet jedes Kind eine andere Farbe für seine Familie, damit die Kinder später „ihre" Igelfamilie wiedererkennen. Anschließend werden einige Streichhölzer als Stacheln in die Kartoffeln gesteckt. Falls nicht schon vorhanden, tragen die Kinder herabgefallenes Laub zu einem Haufen zusammen. Nun verstecken sie alle Igel im Blätterhaufen. Mit geschlossenen Augen tasten die Kinder im Blätterhaufen nach den Igeln. Wer eine Familie gefunden hat, beendet die Suche.

→ Variante:
Die Kinder suchen „ihre" Igelfamilie. Die gefundenen Igel, die nicht vom Kind selber gefertigt wurden, müssen wieder zurück in den Blätterhaufen gelegt werden.

Tipp: Die Größe des Blätterhaufens und die Anzahl der versteckten Igel sollten so gewählt werden, dass die Suche weder zu leicht noch zu schwer ist.

2 Wo ist mein Partner?

Spielort: überall

Teilnehmerzahl: ab 4

Material: für jedes Spielerpaar zwei Gegenstände der gleichen Farbe (z.B. Wäscheklammern)

Info: Im Tierreich leben Männchen und Weibchen oft nicht das ganze Jahr über zusammen. Um für Nachwuchs zu sorgen, müssen sich erst die Paare finden. Häufig machen sich die Männchen auf den Weg, um ein geeignetes Weibchen zu finden.

So geht's:
Damit nicht immer die gleichen Kinder zusammen spielen, werden vor Spielbeginn entsprechend der Teilnehmerzahl je zwei Wäscheklammern der gleichen Farbe in einen Beutel gesteckt. Die Kinder ziehen mit geschlossenen Augen eine Klammer, und finden sich mit ihrem farblich passenden Partner zusammen.
Sie befestigen die Wäscheklammer an ihrer Kleidung. Dann einigen sie sich darauf, welche Tierart sie spielen möchten, wer das Männchen und wer das Weibchen sein soll. Auch vereinbaren sie einen bestimmten Tierlaut. Alle Weibchen verstecken sich nun. Hat ein Männchen Schwierigkeiten, sein Weibchen zu finden, so kann es den vereinbarten Tierlaut von sich geben. Das Weibchen antwortet ihm mit dem gleichen Laut. Haben sich alle Paare gefunden, erfolgt ein Rollentausch.

Komm, wir spielen!

Versteckspiele

(3) Tierstation-Rallye

Spielort: Wiese, Park, Wald

Teilnehmerzahl: ab 2

Material: für jede Station ein Bild mit dem entsprechenden Tier (Sie können z.B. die Ausmalbilder auf buntes Tonpapier kopieren), Schnur zum Befestigen.

Für die verschiedenen Stationen benötigen Sie folgende Gegenstände:
Station Vogel: Naturgegenstände für den Nestbau, kleine Steine oder Zapfen als Eier;
Station Spinne: Zapfen, Steine oder Säckchen;
Station Maulwurf: Schüsseln, Sand oder Erde, Lakritz o.Ä. als Würmer

So geht's:
Vor dem Eintreffen der Kinder hängen Sie die Tierbilder mit Schnüren an Bäume oder Büsche. Nun gehen die Kinder gemeinsam auf Tierbildersuche. Haben sie ein Tier entdeckt, erklären Sie, was bei dieser Station zu tun ist.

→ Station Hase:
Wird ein Hase z.B. von einem Fuchs verfolgt, so versucht er, durch ‚Hakenschlagen' zu entkommen. Alle Kinder verwandeln sich in Hasen und üben das ‚Hakenschlagen': Sie rennen in eine Richtung, bremsen abrupt ab und schlagen eine andere Richtung ein. Anschließend können sich je zwei Kinder zu Füchsen und Hasen zusammenschließen. Die Hasen versuchen nun, durch ‚Hakenschlagen' ihren Verfolgern zu entkommen.

→ Station Vogel:
Manche Vogelarten, wie z.B. das Rebhuhn, die Wiesenweihe (Greifvogel) oder der Kiebitz, bauen ihr Nest auf dem Boden, und werden daher auch „Bodenbrüter" genannt. Die Kinder sammeln unterschiedliche Naturgegenstände (z.B. Moos, Blätter, Gräser, Federn) und errichten ein Nest auf dem Boden. Als Eier können Kiefernzapfen oder kleine Steine verwendet werden.

→ Station Spinne:
Wolfsspinnenmütter tragen ihre zahlreichen Kinder nach dem Schlüpfen auf ihrem Rücken spazieren. Die Kinder sollen nun in die Rolle der Mütter schlüpfen und versuchen, im Vierfüßlergang möglichst viele Gegenstände (z.B. Zapfen, Steine oder mitgebrachte Säckchen) als Babys auf dem Rücken zu transportieren, ohne sie fallen zu lassen. Wer möchte, kann den Spinnentransport als Wettkampf durchführen. Hierbei werden Start- und Ziellinie festgelegt und die Kinder treten paarweise gegeneinander an. Die beste „Spinnenmutter" ist, wer mit allen Gegenständen am schnellsten das Ziel erreicht hat.

→ Station Heuschrecke:
Heuschrecken sind bekannt für ihre weiten Sprünge. Sie können 100 Mal weiter springen, als sie selbst groß sind. Dies schaffen die Kinder zwar nicht, dennoch können sie bei dieser Station ihre eigenen Sprungfähigkeiten testen. Vor Beginn werden zwei Stellen, die einige Meter voneinander entfernt sind, gekennzeichnet. Diese Strecke soll nun mit möglichst wenigen Sprüngen zurückgelegt werden. Hier einige Vorschläge für verschiedene „Sprungtechniken".

1. Sprünge mit geschlossenen Beinen
- vorwärts
- rückwärts
- seitwärts

Komm, wir spielen!
Versteckspiele

2. **Im Wechsel auf rechten und linken Fuß springen**
   - vorwärts
   - rückwärts

3. **Seitsprünge**
   - nach rechts: rechtes Bein zur rechten Seite, linken Fuß anziehen
   - nach links: linkes Bein zur linken Seite, rechten Fuß anziehen

4. **Auf einem Bein hüpfen**
   - rechts (vorwärts/rückwärts)
   - links (vorwärts/rückwärts)

5. **Auf allen vieren hüpfen**
   - vorwärts (Hände auf den Boden aufsetzen und Füße nachziehen)
   - rückwärts (mit Füßen nach hinten springen und Hände nachziehen)

6. **Sprünge mit Anlauf (wie in der Leichtathletik)**

Tipp: Es können Gegenstände auf die Sprungstrecke gelegt werden, welche bei den Sprüngen zu überwinden sind.

→ **Station Maulwurf**
Die Lieblingsspeise von Maulwürfen sind Regenwürmer. Da Maulwürfe nicht besonders gut sehen können, müssen sie all ihre anderen Sinne einsetzen, um Regenwürmer zu fangen. Pro Teilnehmer wird eine Schüssel voll Sand oder Erde gefüllt. Darin werden 1–3 Lakritz oder „essbare Gummischnüre" (gibt es im Supermarkt) als Regenwürmer versteckt. Die Kinder versuchen nun, mit ihren Händen die „Regenwürmer" zu erfühlen. Werden alle Regenwürmer gefunden?

Tipp: Anstelle der schmutzig gewordenen, gefundenen „Regenwürmer" dürfen die Kinder die noch sauberen aus der Tüte probieren.

Kaninchen mümmeln Möhren

Spielort: überall, wo es Versteckmöglichkeiten gibt

Teilnehmerzahl: ab 2

Material: mehrere kleine oder halbierte Möhren, für jede Möhre einen kleinen Behälter oder eine Tüte, damit sie nicht schmutzig wird

So geht's:
Die Kinder gehen paarweise zusammen. Ein Kind erhält einen Behälter bzw. eine Tüte mit der Karotte darin und sucht ein gutes Versteck. Dann kehrt es zu seinem Partner, dem Kaninchen, zurück. Das Kaninchen versucht nun, die leckere Möhre zu finden. Das Kind, das die Möhre versteckt hat, darf dem Kaninchen 3 Mal helfen, indem es besondere Zeichen mit seinen „Kaninchenohren" gibt. Dabei stellt es seine Hände als Ohren an den Kopf. Folgende Hinweise sind möglich:

- „Ohren" nach vorne schwenken: *geradeaus weitergehen*
- „Ohren" auf die linke Seite legen: *nach links laufen*
- „Ohren" auf die rechte Seite legen: *nach rechts laufen*
- „Ohren" zurücklegen: *zurücklaufen und einen anderen Weg einschlagen*
- wild mit den „Ohren" wackeln: *die Möhre ist ganz nahe*

Hat das Kind die Möhre gefunden, darf es sie natürlich aufessen. Vielleicht wecken Sie durch dieses Spiel die Lust auf gesundes Essen!

Tipp: Zusammen mit der Möhre kann ein Stoffhase versteckt werden.

Komm, wir spielen!

Versteckspiele

5

Erdkrötenmännchen sucht Erdkrötenweibchen

Spielort: überall

Teilnehmerzahl: ab 10

Material: bis auf die beiden suchenden Männchen erhalten alle Kinder eine Karte (z.B. aus Fotokarton zurechtgeschnitten); auf eine Karte kleben Sie das Bild einer Erdkröte (= Weibchen), alle anderen Karten sind leer (= Männchen).

Info: *Erdkröten wandern zum Ablaichen zu dem Gewässer, an dem sie geboren wurden. Meist gibt es viel mehr Männchen als Weibchen. Schon auf dem Weg zum Wasser steigen einige Männchen auf den Rücken eines Weibchens. Dabei kann es vorkommen, dass sich ein Männchen versehentlich an ein anderes Männchen klammert. Dieses gibt dann einen Befreiungsruf („ük, ük") von sich.*

So geht's:
Die Erdkröten sind auf dem Weg zum Laichgewässer, nur ein einziges Weibchen ist unterwegs. Zwei der Kinder spielen die suchenden Männchen. Alle anderen Kinder ziehen eine Karte. Ist die Karte leer, so spielt das Kind ein Männchen, ist auf der Karte das Bild mit der Kröte darauf, so spielt das Kind das Weibchen. Natürlich zeigen die Kinder ihre Karten nicht den suchenden Männchen. Nun wandern alle Kröten los. Nach kurzer Zeit rufen Sie: „Sucht ein Weibchen!" Die beiden Männchen springen nun jeweils auf den Rücken einer Erdkröte. Ist es ein Männchen, wehrt sich dieses mit dem typischen Befreiungsruf „ük, ük". Die suchenden Männchen müssen wieder absteigen. Die Kröten wandern weiter. Nachdem Sie nach einer Weile wieder „Sucht ein Weibchen!" gerufen haben, springen die beiden Männchen wieder jeweils auf den Rücken einer Kröte. Das Spiel dauert so lange, bis eines der beiden suchenden Männchen das Weibchen gefunden hat. Es darf dann als „Sieger" eine Runde Huckepack „zum Teich" reiten.

Komm, wir spielen!
Sinnesspiele

1

Die Schnecke streckt ihre Fühler aus

Spielort: überall

Teilnehmerzahl: ab 2

Material: für jede Gruppe 2 Geschirrtücher, 2 Schüsseln oder Schachteln, Naturgegenstände (z.B. 2 Blätter, 2 Blumen, 2 Zapfen, 2 Federn, 2 Steine)

Info: Die Schnecke hat nur zwei winzige Augen. Deshalb benutzt sie ihre Fühler, um zu erkennen, wohin sie kriecht. Mit den kleinen Fühlern berührt sie den Boden und nimmt seinen Geruch auf. Mit den größeren Fühlern berührt sie die Dinge über sich. Auch wir wollen nun unsere „Fühler" ausstrecken.

So geht's:
Die Kinder bilden Zweier- oder Dreiergruppen. Die Gegenstände werden auf zwei Schüsseln verteilt, die Geschirrtücher darübergelegt. Jede Schüssel hat jetzt den gleichen Inhalt. Ein Kind der Gruppe darf nun die Schnecke spielen. Es greift mit der linken Hand in die eine Schüssel und mit der rechten Hand in die andere. Es fühlt so lange, bis es glaubt, zwei gleiche Gegenstände gefunden zu haben. Das Kind holt die beiden Gegenstände heraus und prüft, ob es richtig geraten hat. Ältere Kinder legen sie wieder in die Schüssel zurück, da das weitere Raten sonst zu einfach wird.

→ Variante:
Die „Schnecke" wühlt in einer Schüssel und spricht mit geheimnisvoller Stimme: „Ich wühle und fühle, ich wühle und fühle, was habe ich in der Hand?" Die anderen Kinder der Gruppe versuchen, den Gegenstand zu erraten.

2

Maulwurf auf Beutejagd

Spielort: ebene Fläche

Teilnehmerzahl: ab 4

Material: Augenbinden (z.B. Stirnband oder Schal), evtl. Gegenstände, um das Spielfeld zu begrenzen

Info: Maulwürfe und Regenwürmer können unter der Erde nichts sehen. Um dies nachzuempfinden, schlüpfen die Kinder selbst in die Rollen dieser Erdbewohner.

So geht's:
Bevor das eigentliche Fangspiel beginnt, probieren die Kinder aus, wie es sich anfühlt, nichts sehen zu können. Die Kinder finden sich paarweise zusammen. Dem vorderen Kind werden die Augen verbunden. Das hintere Kind legt seine Hände auf die Schultern des vorderen Kindes und schiebt es an. Das vordere Kind streckt seine Arme nach vorne aus und setzt sich in Bewegung. Nach ein oder zwei Minuten Umhergehen werden die Rollen getauscht.

→ Fangspiel:
Nun wird ein „Maulwurfspaar" bestimmt, bei mehreren Mitspielern auch mehrere „Maulwurfspaare". Alle anderen Kinder spielen „Regenwurmpaare". Die Fortbewegung erfolgt auf die gleiche Weise wie oben. Nun versucht der Führer des Maulwurfs (= das hintere, sehende Kind), den Maulwurf in die Richtung eines Regenwurms zu steuern. Der Führer des Regenwurmes schiebt seinen Wurm so, dass er sich vom Maulwurf entfernt.

Komm, wir spielen!

Sinnesspiele

3

Der lange Wurm

Spielort: weicher Untergrund wie Rasen oder Teppichboden wäre günstig

Teilnehmerzahl: ab 3

Material: je nach Länge des Wurms eine oder mehrere Decken

So geht's:
Alle Kinder knien hintereinander in einer Reihe auf dem Boden. Das erste Kind stellt den Kopf des Wurms dar, alle anderen den restlichen Körper. Bis auf das erste Kind fassen alle anderen Kinder ihrem Vordermann an die Knöchel. Nach dem Startzeichen versuchen alle Kinder, sich vorwärtszubewegen. Dazu ziehen sie abwechselnd den rechten und den linken Unterschenkel vorwärts.

→ **Variante 1:**
Der Wurm kriecht rückwärts.

→ **Variante 2:**
Um die Dunkelheit unter der Erde noch besser nachzuvollziehen, werden über den Wurm eine oder mehrere Decken gelegt.

→ **Variante 3:**
Der Wurm versucht, sich einmal um sich selbst zu drehen. Hierfür rollen alle Kinder gleichzeitig zur einen Seite, und rollen über den Rücken zur anderen Seite. Dabei lassen die Kinder die Knöchel der vorderen Kinder nicht los. Mit etwas Geschick und Übung landen alle Würmer in aufrechter Position.

→ **Variante 4:**
Es können auch mehrere Würmer gegeneinander antreten. Nach dem Startzeichen versuchen sie, ein festgelegtes Ziel so schnell wie möglich zu erreichen.

4

Was schmeckt denn hier so fein?

Spielort: überall

Teilnehmerzahl: ab 2

Material: etwa 8 verschiedene Kekssorten (z.B. Waldbeerkeks, Orangenkeks, Müslikeks, Bananenkeks, Schokokeks u.a. aus dem Reformhaus); 8 Teller, 8 nummerierte Zettel; Augenbinde (z.B. Stirnband oder Schal)

So geht's:
Brechen Sie die Kekse in mundgerechte Stücke, und verteilen Sie diese nach Sorten getrennt auf den Tellern. Schreiben Sie auf 8 Zettel jeweils die Zahlen 1 bis 8. Ein Kind beginnt und entscheidet sich, welches Tier es spielen möchte (z.B. einen Igel) und welches sein Lieblingsfutter ist (z.B. Schnecken). Der „Igel" wählt sich ein Stück Keks als sein Lieblingsfutter und probiert es gleich. Anschließend werden ihm die Augen verbunden. Alle 8 Zettel werden jeweils zu einem Teller gelegt. Nun wählt sich der „Igel" eine Zahl (z.B. 3). Der Keksteller mit der Nummer 3 wird ihm gereicht und er darf ein Stück Keks essen. Ist es sein Lieblingsfutter? Wenn nicht, wählt er eine andere Zahl (z.B. 8) und es wird ihm der Keksteller Nr. 8 gereicht. Sobald der „Igel" sein Lieblingsfutter erkannt hat, erfolgt ein Rollentausch. Nachdem alle Kinder an der Reihe waren, dürfen die Kinder noch mal testen, welches Futter denn nun tatsächlich das beste war. Da wird es sicherlich Meinungsverschiedenheiten geben!

Komm, wir spielen!
Sinnesspiele

5
Tanz der Bienen

Spielort: überall

Teilnehmerzahl: ab 3

Material: irgendeine Entspannungsmusik ohne Gesang

Info: Hat eine Honigbiene ein reichhaltiges Futterangebot gefunden, so fliegt sie zum Bienenstock zurück und teilt ihren Schwestern mit, wie weit die Nahrung entfernt ist, und wo sie liegt. Ist die Nahrungsquelle nur 80 bis 100 Meter vom Bienenstock entfernt, beschränkt sich die Heimkehrerin auf einen „Rundtanz" auf der Wabe. Sie läuft einige Minuten lang im Kreis. Liegt die Nahrungsquelle weiter als 100 Meter entfernt, tanzt die Biene den „Schwänzeltanz" in Form einer abgeflachten Acht. Dabei teilt sie den anderen Bienen mit, in welche Richtung und wie weit sie fliegen sollen.

So geht's:
Sprechen Sie vor der Ausführung des Tanzes mit den Kindern über das Verhalten der Honigbienen. Anschließend üben Sie den Tanz erst mal ohne Musik.
Führen Sie die Bewegungen sanft, langsam und fließend aus. Der Text wird vor der Ausführung der Bewegungen einmal gesprochen.

Tipp:
Legen Sie den Ort des Bienenstocks fest und führen Sie den Tanz mit verteilten Rollen durch. Ein Kind spielt die „Kundschafterin" (Nr. 2–5), die anderen Kinder spielen die Bienen, die ihr dann folgen (Nr. 6–8). Begleiten Sie anfangs die „Kundschafterin" und führen mit ihr zusammen die Bewegungen aus.
Der Tanz kann beliebig oft hintereinander wiederholt werden. Bei jeder Wiederholung kann dann ein anderes Kind als „Kundschafterin" ausgewählt werden.

Text	Bewegungsvorschläge
Die Sonne geht auf.	*mit Armen einen großen Kreis vor dem Körper beschreiben (3–4 Mal wiederholen)*
Die „Kundschafterin" fliegt zu einer Blumenwiese.	*die Arme ausbreiten und sanfte Kurven „fliegen"*
Wunderschöne Blumen wachsen auf der Wiese.	*den Oberkörper beugen, wieder aufrichten, dabei Hände nach oben führen (ca. 3–4 Mal wiederholen)*
Die Biene fliegt zum Stock zurück.	*zum „Stock zurückfliegen" (wie bei 2.)*
Sie tanzt den „Schwänzeltanz" (oder „Rundtanz").	*die Form einer 8 laufen (oder im Kreis laufen)*
Alle Bienen fliegen zur Wiese.	*wie bei 2.*
Sie landen auf den Blüten und trinken Nektar.	*Knie beugen, einen gestreckten Arm mehrmals heben und senken*
Abends fliegen sie zum Bienenstock zurück.	*zum „Stock zurückfliegen" (wie bei 2.)*

Kinder lernen Tiere aus Feld und Wiese kennen

Komm, wir spielen!

Geschicklichkeitsspiele

1

Die Bola-Spinne schwingt ihr Lasso

Spielort: größere ebene Fläche

Teilnehmerzahl: ab 2

Material: weiche, eindrückbare Bälle als klebrige Kugeln; ca. 2 Meter langes Seil als Seidenfaden

Info: Die amerikanische Bola-Spinne fängt Nachtfalter mit Hilfe eines Seidenfadens, an dem eine klebrige Kugel hängt. Entdeckt sie z.B. einen Nachtfalter, wirft sie ihren Seidenfaden wie ein Lasso in Richtung des Nachtfalters. An der klebrigen Kugel bleibt nun der Nachtfalter hängen und kann von der Spinne herangezogen und verspeist werden.

So geht's:

Zunächst fertigen Sie oder die Kinder einige „Fanggeräte" an. Dazu knoten Sie jeweils ein Seil fest um einen Ball. Die Fangtechnik sieht so aus: Eine Hand ergreift das Seil ein Stück oberhalb des Balles, die andere Hand hält das restliche Seil. Der Ball wird einige Male wie ein Lasso geschwungen und dann losgelassen. Dabei fliegt der Ball ein Stück nach vorn und trifft mit etwas Glück das „Opfertier".

Hier sind 3 Fangmethoden:

1. Eine Spinne und ein Nachtfalter stehen sich gegenüber. Die Spinne versucht, den Nachtfalter mit dem Ball zu treffen.

2. Vor der Spinne schwirren einige Nachtfalter auf eng begrenztem Raum. Die Spinne versucht, einen der Nachtfalter zu erwischen.

3. Eine oder mehrere Spinnen verfolgen die Nachtfalter und versuchen, während des Laufens einen Nachtfalter zu treffen.

2

Schmetterling saugt Nektar

Spielort: überall

Teilnehmerzahl: ab 2

Material: für jedes Kind zwei Teller, einen Strohhalm und einige Blütenblätter

Info: Schmetterlinge fliegen von Blume zu Blume und saugen mit ihrem Rüssel den süßen Nektar.

So geht's:

Die Kinder können im folgenden Spiel testen, ob ihre Saugkraft auch so gut ist wie die eines Schmetterlings. Auf einem Tisch oder auf dem Boden werden für jeden Mitspieler zwei Teller nebeneinandergelegt. Auf einem Teller befinden sich einige Blütenblätter. Mit dem Strohhalm saugt jedes Kind ein Blütenblatt an und lässt es auf den anderen Teller fallen. Für jedes Blütenblatt gibt es einen Punkt.

Kinder lernen Tiere aus Feld und Wiese kennen

Komm, wir spielen!

Geschicklichkeitsspiele

(3) Störche suchen Futter

Spielort: überall

Teilnehmerzahl: ab 2 (ein „Elternteil", der Futter sucht, und ein „Storchenkind" im Nest); wird das Spiel als Wettkampf durchgeführt, braucht man mind. 4 Teilnehmer

Material: Blätter; für alle Teilnehmer 2 längere Stöcke als Schnabel; kleine Decke als Storchennest, oder aus Ästen ein Nest selbst herstellen

Info: Storchennester befinden sich z.B. auf Dächern oder alten Schornsteinen. Zur Futtersuche fliegen die Störche auf Feuchtwiesen, um für sich und ihren Nachwuchs Nahrung zu suchen. Außer Fröschen fressen sie auch gerne Schnecken, Würmer und Mäuse.

So geht's:
Falls nicht schon von Natur aus vorhanden, verteilen Sie auf dem Boden Blätter. Einige Kinder spielen die Storchenkinder und setzen sich in ihr Nest. Die Storcheneltern verabschieden sich von ihren Kindern mit Schnabelklappern, indem sie 2 Stöcke aufeinanderschlagen. Auch die Kinder klappern mit dem Schnabel. Dann fliegen die Eltern zur Wiese. Dort versuchen sie, mit den Stöcken (Schnäbeln) ein Blatt (Futter) aufzuheben und zum Nest zu transportieren. Dort nehmen die Storchenkinder sehnsüchtig das Futter entgegen.

→ Variante:
Die Futtersuche wird als Wettkampf durchgeführt. Sieger ist die Storchenfamilie, die in einer bestimmten Zeit das meiste Futter ins Nest gebracht hat.

146 Kinder lernen Tiere aus Feld und Wiese kennen

Komm, wir spielen!

Geschicklichkeitsspiele

(4) Fleißige Hummeln

Spielort: ebene Fläche mit ca. 12 Metern Durchmesser

Teilnehmerzahl: ab 2

Material: Für jede Mannschaft eine „Flugkarte"; 6 verschiedenfarbige „Blüten" (Plastikteller oder Blumenformen aus Tonpapier schneiden), gelbe oder rote Wäscheklammern als Pollen (für jeden Mitspieler 1 Klammer pro Teller)

Info: Während Honigbienen bei nassem und kaltem Wetter im Frühling noch im Bienenstock bleiben, fliegen Hummeln schon zum Nektarsammeln nach draußen. Hummeln können an einem einzigen Tag viele hundert Blüten besuchen. Dabei bleibt der Pollen der jeweiligen Pflanze an ihrem Haarkleid hängen. Durch diesen Vorgang bestäubt die Hummel viele Gewächse wie z.B. Obstbäume. Ohne sie und andere Bienenarten gäbe es viel weniger Früchte.

Vorbereitung:
Verteilen Sie die Teller mit den gelben oder roten Wäscheklammern auf dem Spielfeld. Anschließend malen Sie auf 2 weiße Papiere von oben nach unten 6 farbige Punkte entsprechend den Tellerfarben. Dies sind die „Flugkarten" der beiden Hummelnester.

So geht's:
Die Kinder spielen 2 verschiedene Hummelnester und bilden hierfür 2 Mannschaften. Jede Mannschaft erhält eine „Flugkarte". Das erste Kind jeder Mannschaft fliegt nach dem Startzeichen los. Auf den Flugkarten können die Kinder erkennen, in welcher Reihenfolge sie die „Blüten" anfliegen sollen. Bei der ersten Blüte angekommen, ergreift das Kind eine Wäscheklammer (= Pollen) und klammert sich diese an die Kleidung (z.B. unteres Ende von T-Shirt, Pullover). Anschließend schaut die „Hummel" auf ihre „Flugkarte" und fliegt zur nächsten Blüte. Dort angekommen steckt sie wieder eine Wäscheklammer an ihre Kleidung. Nachdem die „Hummel" alle Blüten angeflogen hat, kehrt sie zum Hummelnest zurück und überreicht die „Flugkarte" an den nächsten Mitspieler. Sieger ist das Hummelnest, das am schnellsten vom Blütenbesuch zurückgekehrt ist.

Tipp: Jüngere Kinder sollten vor dem Wettkampf einen Probedurchgang machen.

Komm, wir spielen!
Tierratespiele

1

Greifvögel auf den Spuren der Feldmäuse

Spielort: auf einem Tisch oder auf dem Fußboden; wird das Spiel draußen gespielt, muss eine feste Unterlage (z.B. großer Karton) untergelegt werden

Teilnehmerzahl: ab 4 (je 2 Kinder legen gemeinsam die Spur)

Material: 1 gelbes Tonpapier DIN A4 (29,5 cm x 21 cm); 1 Schere, 1 Lineal, 1 Bleistift

Info: Greifvögel erkennen aus der Luft die Urinspuren von Mäusen. Sind diese sehr zahlreich, so gibt es auch viele Mäuse dort. In diesem Spiel sollen die Kinder anhand von gelegten „Urinspuren" schätzen, wo sich mehr Mäuse befinden.

Vorbereitung:
Zunächst müssen die „Urinspuren" gefertigt werden. Hierzu schneiden Sie das Tonpapier in 1 cm lange Streifen. Sie erhalten insgesamt 29 Streifen, der 0,5 cm Reststreifen wird nicht verwendet. Jeden der 29 Streifen schneiden Sie nun in 3 cm lange Stücke. Da das Tonpapier 21 cm breit ist, erhalten Sie genau 7 Streifen zu je 3 cm. Insgesamt erhalten Sie 203 „Spuren". Nun legen Sie 109 „Spuren" auf einen Stoß und 94 „Spuren" auf einen anderen.

So geht's:
Zwei Kinder erhalten jeweils einen „Urinspurenhaufen", ohne zu wissen, ob es sich um die 109 Spuren oder die 94 Spuren handelt. Nun legen die Kinder nach ihrer Fantasie eine Urinspur. Die Spuren sollten sich dabei berühren. Sind die Spuren gelegt, betrachten die Kinder die zwei Spurengebilde. Sie versuchen nun, zu erkennen, wo die meisten „Urinspuren" (109 Stück) gelegt wurden.

→ **Variante 1:**
Die Spuren werden mit etwas Abstand gelegt. Das Raten wird dadurch etwas schwieriger.

→ **Variante 2:**
Die Kinder legen die Spuren so, dass einige Spuren frei enden. Die Kinder versuchen, sich eines der Gebilde einzuprägen. Anschließend drehen sie sich um. Nun nehmen Sie 1–5 hintereinanderliegende „Spuren" weg. Die Kinder drehen sich wieder um und versuchen, zu erkennen, an welcher Stelle die „Spuren" weggenommen wurden.

Tipp: Wie groß der Unterschied (in unserem Beispiel 15) zwischen den „Urinspuren" sein sollte, damit das Raten nicht zu schwer oder zu leicht ist, probieren Sie am besten selbst aus. Nach meiner Erfahrung sind 20–25 Spuren Unterschied leicht zu erkennen, 10 Spuren dagegen schon schwieriger.

Komm, wir spielen!

Tierratespiele

2

Welches Tier bin ich?

Spielort: überall

Teilnehmerzahl: ab 2

Material: keines

So geht's:

Der Spielleiter wählt aus den unten angeführten Tieren eines aus und liest den Kindern die dazugehörigen Sätze vor. Die Kinder sollen abwarten, bis alles ganz vorgelesen wurde. Erst dann dürfen sie raten, um welches Tier es sich handelt. Ist das Rätsel für die Kinder zu schwer, werden ihnen drei Tiere zur Auswahl gestellt. Sind die Kinder mit den Lebensgewohnheiten der Tiere gut vertraut, dann lesen Sie nicht alle 7 Fragen vor, sondern wählen einige wenige aus. Wurde das Tier erraten, zeigen Sie es den Kindern auf der jeweiligen Bildkarte. Die Bildkarten finden Sie am Ende dieses Buches. Hier nun einige Beispiele:

→ **Schnecke:**
1. Ich bin ein sehr kleines Tier.
2. Ich kann an Pflanzen kopfüber hängen, ohne herunterzufallen.
3. Mich fressen Mäuse, Igel und Käfer.
4. Ich fresse Blätter und sogar giftige Pilze.
5. An regnerischen Tagen kann man mich im Garten kriechen sehen.
6. Ich habe vier Fühler.
7. Beim Laufen gebe ich eine Schleimspur von mir.

Hilfestellung: Bin ich eine Schnecke, ein Käfer oder eine Spinne?

→ **Marienkäfer:**
1. Ich kann krabbeln, aber auch fliegen.
2. Meine richtigen Flügel befinden sich unter den harten Flügeldecken.
3. Vor Vögeln und Spinnen muss ich mich in Acht nehmen.
4. Am liebsten fresse ich Blattläuse.
5. Ich schlüpfe als Larve aus dem Ei und häute mich mehrmals.
6. Meine Eltern kümmern sich nicht um mich.
7. Ich habe rote Flügeldecken mit schwarzen Punkten darauf.

Hilfestellung: Bin ich ein Schmetterling oder ein Marienkäfer?

→ **Igel:**
1. Nachts gehe ich auf Jagd.
2. Tagsüber schlafe ich im Gebüsch.
3. Am liebsten fresse ich Schnecken.
4. Ich halte einen Winterschlaf.
5. Uhus, Dachse oder Füchse wollen mich fressen.
6. Bei Gefahr rolle ich mich zu einer Kugel zusammen.
7. Leider werde ich oft auf der Straße überfahren.

Hilfestellung: Bin ich ein Kaninchen, ein Igel oder eine Spinne?

→ **Weißstorch:**
1. Ich schlüpfe aus einem Ei.
2. Meine Eltern füttern mich mit Regenwürmern.
3. Ich schreite auf Feuchtwiesen und suche mir Futter.
4. Ich wachse in einem großen Nest heran.
5. Das Fliegen muss ich erst lernen.
6. Den Winter verbringe ich weit entfernt im Süden.
7. Zur Begrüßung klappere ich mit dem Schnabel.

Hilfestellung: Bin ich ein Greifvogel, eine Amsel oder ein Storch?

Komm, wir spielen!
Tierratespiele

3
Tiere gesucht

Spielort: überall

Teilnehmerzahl: 3–15

Material: Bildkarten, ausgeschnitten und laminiert oder foliert

So geht's:
Die Kinder sitzen im Kreis, in der Mitte liegen verdeckt die Bildkarten. Alle ziehen nacheinander Karten, so lange, bis der Stapel aufgebraucht ist. Sollte die Anzahl der Karten nicht durch die Zahl der Kinder teilbar sein, nehmen Sie die übrigen Karten an sich. Die Kinder schauen sich ihre Karten an. Dann stellen Sie, oder später auch die Kinder Fragen, z.B.

- Wer hat eine Amphibie?
- Wer hat ein Tier, das kriecht?
- Wer hat ein Tier mit einem Schwanz?
- Wer hat ein Insekt?
- Wer hat einen Pflanzenfresser?
- Wer hat ein Tier, das aus einem Ei schlüpft?
- Wer hat ein Tier, das Winterschlaf hält?
- Wer hat ein Tier, das in der Nacht aktiv ist?
- Wer hat ein Tier, um das sich nach der Geburt ein Elternteil kümmert?

Die Kinder, die glauben, dass eins ihrer Tiere die erfragten Eigenschaften aufweist, legen die entsprechende Karte in die Kreismitte. Dann überlegen alle gemeinsam, ob die richtigen Tiere abgelegt wurden.

Sie können das Spiel auch nach Punkten spielen. Jedes Kind, das seine Karte richtig in der Mitte ablegt, erhält einen Punkt.

4
Das fühlt sich tierisch an

Spielort: überall

Teilnehmerzahl: ab 2

Material: evtl. Sitzunterlage

So geht's:
Die Kinder tun sich paarweise zusammen und setzen sich hintereinander. Auf den Rücken des Vordermanns werden nun bestimmte Tiere oder deren Verhaltensweisen mit den Händen „gemalt". Die vorderen Kinder sollen erraten, um welches Tier es sich handelt. Hier einige Beispiele:

- Regenwurm schlängelt sich durch die Erde
- Form eines Schneckenhauses
- Stacheln des Igels
- Kaninchen hoppelt über das Feld
- Krallen des Greifvogels
- Ameisen krabbeln über die Wiese
- Spinnennetz weben
- Storch pickt mit seinem Schnabel nach Futter
- Mäusebussard packt eine Maus
- Schnecke kriecht ganz langsam auf ein Blatt

Tipp: Bei jüngeren Kindern sollten obige Darstellungsformen gemeinsam besprochen und an einem Kind gezeigt werden. Zum leichteren Erraten ist es zunächst sinnvoll, sich auf wenige Tiere zu beschränken.

Komm, wir spielen!

Tierratespiele

5

Richtig oder falsch?

Spielort: überall

Teilnehmerzahl: ab 2

Material: keines

So geht's:

Die Kinder teilen sich in zwei Gruppen und setzen sich einander gegenüber. Beide Gruppen stellen eine Tierart dar, z.B. Feldhase und Regenwurm. Der Spielleiter ruft nun einen Satz, beispielsweise „Ich lebe unter der Erde".
Die beiden Gruppen überlegen, ob dieser Satz auf sie zutrifft. Sind sie der Meinung, dass er zutrifft, so stehen sie auf. Meinen sie, dass er nicht zutrifft, bleiben sie sitzen. Es können auch Sätze genannt werden, die für beide Gruppen zutreffen (alle stehen auf) bzw. für keine der Gruppen zutreffen (alle bleiben sitzen). Jede Gruppe erhält nur dann einen Punkt, wenn alle Mitglieder die richtige Entscheidung getroffen haben. Gewonnen hat die Gruppe mit den meisten Punkten.
Die Sätze werden in beliebiger Reihenfolge gesprochen.

Hier nun einige Anregungen:

→ Feldhase – Regenwurm

- Ich kann sehr schnell rennen.
- Ich habe ein weiches Fell.
- Ich habe lange Ohren.
- Ich werde von Jägern gejagt.
- Ich lebe unter der Erde.
- Ich fresse gerne Erde.
- Ich ziehe Blätter unter die Erde.
- Bei Regen krieche ich aus der Erde.

Trifft auf niemanden zu:
Ich kann fliegen – ich fresse Füchse – ich lebe in einer Baumhöhle.

→ Erdhummel – Schmetterling

- Ich baue Wachstöpfchen für meine Eier.
- Ich habe einen Stachel.
- Als Königin lege ich viele Eier.
- Mein Nest befindet sich unter der Erde.
- Ich habe bunte Flügel.
- Früher war ich eine Raupe.
- Um meine Feinde zu erschrecken, zeige ich meine großen Augenflecken.

Gemeinsamkeiten:
Ich kann fliegen – ich sauge Nektar aus Blüten – ich schlüpfe aus einem Ei – ich habe 6 Beine.

Trifft auf niemanden zu:
Ich lebe im Wasser – ich schlafe hoch oben in den Bäumen – ich fresse gerne andere Tiere – im Winter besuche ich viele Blumen.

→ Schnecke – Igel

- Ich trage ein Haus auf meinem Rücken.
- Ich mag Regen.
- Am liebsten fresse ich Blätter und Pilze.
- Meine Kinder schlüpfen aus Eiern.
- Bei großer Hitze verziehe ich mich in mein Haus.
- Ich trage Stacheln auf meinem Rücken.
- Ich fresse gerne Schnecken.
- In einem Blätterhaufen halte ich Winterschlaf.
- Bei Gefahr rolle ich mich zu einer Kugel zusammen.
- Nachts gehe ich auf die Jagd.

Trifft auf niemanden zu:
Ich klettere auf sehr hohe Bäume – ich gebe laute, unheimliche Geräusche von mir – ich fliege im Winter nach Afrika – ich habe ein weiches Fell.

Tipp: *Für dieses Spiel sollten die Kinder ein wenig mit den Lebensgewohnheiten der Tiere vertraut sein. Mit Hilfe der Steckbriefe können Sie auch andere Tiere für dieses Spiel auswählen.*

Tier-Massagen

- → Grundlagen
- → Massagen zu zweit
- → Massagen für Dreier- bis Fünfergruppen

Tier-Massagen

Grundlagen

Massagen vorbereiten

Da nicht alle Kinder mit Massagen vertraut sind, ist es zu Beginn sinnvoll, den Kindern die rechts beschriebenen Massagetechniken zu zeigen. Hierzu legt sich ein freiwilliges Kind auf eine Matte oder Decke. Sie und die anderen Kinder setzen sich um das liegende Kind. Nun zeigen Sie die Berührungsmöglichkeiten, und auch die Kinder probieren sie aus.

Das liegende Kind wird zwischendurch immer wieder gefragt, ob es ihm gefällt. In aller Regel wollen die meisten Kinder einmal in der Mitte liegen, sodass durchgewechselt wird.
Bei jüngeren Kindern ist es empfehlenswert, die Tiermassagen zuerst mit der ganzen Gruppe zu erproben. Erst wenn die Massagen den Kindern inhaltlich vertraut sind, sind sie in der Lage, selbstständig zu massieren. Natürlich sollten sich die Kinder regelmäßig abwechseln.

Massagetechniken

- **kneten**, d.h. die Muskeln mit den Fingern zusammenschieben
- **streichen**, mit der ganzen Handfläche, kräftig oder sanft
- **drücken**, z.B. mit Handfläche, Faust oder Daumen
- **zupfen**, mit Daumen und Zeigefinger oder mit allen Fingern
- **„laufen"**, mit allen Fingern wie mit Beinen in eine Richtung laufen
- **„hüpfen"**, dabei die Finger einer Hand auf- und abbewegen
- **klopfen**, mit der flachen Hand oder leicht mit der Faust
- **trommeln**, mit den Fingern der rechten und der linken Hand im Wechsel
- **kitzeln**, also sanft mit den Fingern über einen Körperteil fahren

Achtung: *Achten Sie darauf, dass die Kinder keine Bewegungen machen, die anderen wehtun. Bei der Massage sollte der Wirbelsäulenbereich ausgespart bleiben.*

Tier-Massagen

__Massagen zu zweit__

Der Maulwurf lebt!

1

Massierte Körperteile: Rücken und Kopf

Ausgangsposition: Zwei Kinder sitzen hintereinander und blicken in die gleiche Richtung; das vordere Kind wird massiert.

Text	Bewegungen
Ich sehe ein Tier, das gräbt und gräbt, es ist der Maulwurf, hurra, er lebt!	→ von Kopf bis Po mehrmals kratzen – Arme des Partners seitlich nach oben führen
Er läuft die Gänge rauf und runter, noch arbeitet er sehr munter.	→ mit allen Fingern über den Rücken laufen
Auf der Wiese türmt sich die Erde, es sind schon viele hundert Berge.	→ durch die Haare fahren und diese leicht nach oben ziehen
Jetzt schaut er raus ans Tageslicht, das ist aber keine gute Sicht.	→ Hand auf Kopf stellen, dabei mit Fingern winken – dem Vordermann beide Hände auf die Augen legen
Lieber rennt er die dunklen Gänge entlang, solange, bis er nicht mehr kann.	→ mit allen Fingern über den Rücken laufen

Kinder lernen Tiere aus Feld und Wiese kennen

Tier-Massagen
Massagen zu zweit

Der Spaziergang der Schnecken

2

Massierte Körperteile: Arme, Schultern, Hals, Kopf, Gesicht

Ausgangsposition: Ein Kind spielt mit seinen beiden Händen die zwei Schnecken. Zum Darstellen der Schnecken macht das Kind Fäuste und streckt jeweils seine Zeige- und Mittelfinger als Fühler aus.

Text	Bewegungen
Zwei Schnecken kriechen langsam einen Weg entlang. Uff, ist das anstrengend!	→ mit den Fäusten die Oberarme in Richtung Schultern entlangfahren
„Hallo, Schnuck, hier bin ich!" „Hallo, Schneck, das ist ja eine Überraschung, schön dich zu sehen."	→ unterhalb des Halses berühren sich die „Fühler" beider „Schnecken"
„Wollen wir einen Spaziergang machen?" „Gute Idee!" Fröhlich kriechen sie einen Berg hoch.	→ seitlich des Halses zu den Ohren kriechen
„Was ist das denn? Kann man das fressen? Knabbern wir mal rein. Mmh, leckere Kräuter! Köstlich!"	→ mit den Händen jeweils ein Ohr sanft kneten
Schneck und Schnuck wandern weiter. „Was ist denn das für ein Gestrüpp? Da kommt man ja gar nicht voran."	→ kreisende Bewegungen auf der Kopfhaut
„Schnuck, wir sind auf einem hohen Berg gelandet. Hier, sieh mal, ein harter Fels."	→ mit den Zeige- und Mittelfinger auf den Kopf trommeln
„Lass uns doch den Berg hinunter rutschen. Hupps, das ist ja lustig, gleich noch mal!"	→ mit Fingern mehrmals über Wangen in Richtung Kinn streichen
Allmählich werden die beiden müde. Sie machen sich auf den Heimweg. Sie kriechen durch das Gestrüpp, knabbern noch mal einige Kräuter, kriechen den Berg runter und verabschieden sich: „Tschüß, Schnuck, bis zum nächsten Mal!" „Tschüß, Schneck, schön war es!"	→ Wie oben, nur in umgekehrter Reihenfolge: • durch Haare wühlen • Ohren massieren • seitlich des Halses nach unten • unterhalb des Halses berühren sich die „Fühler" beider „Schnecken"
Beide gehen ihres Weges.	→ Oberarme entlang Richtung Hände („Schnecken" krabbeln rückwärts)

Kinder lernen Tiere aus Feld und Wiese kennen

Tier-Massagen

Massagen zu zweit

Scharfe Krallen

3

Massierte Körperteile: Rücken

Ausgangsposition: Ein Kind liegt auf dem Bauch, das andere kniet daneben.

Text	Bewegungen
100 Mäuse huschen über die Wiese. Sie rennen kreuz und quer umher. Achtung, ihr Mäuschen, ein Greifvogel fliegt über euch hinweg.	→ *mit allen Fingern zügig über den Rücken laufen*
Schnell, verschwindet! Diese Vögel haben sehr scharfe Krallen.	→ *mit den Fingernägeln über den Rücken fahren – das Kind fragen, ob es die Krallen spürt*
Der Greifvogel stürzt sich auf eine Maus.	→ *mit den Fingern schnell auf den Po hüpfen*
Schnell versteckt sich die Maus in ihrem Loch. Das ist gerade noch einmal gut gegangen.	→ *über den Rücken laufen und eine Hand unter der Kleidung verstecken (z.B. Ärmel oder Halsausschnitt).*
„Seht nur, wie spitz meine Krallen sind, gleich werde ich eine von euch erwischen!"	→ *mit den Fingernägeln über den Rücken fahren*
Er stürzt hinab und packt eine Maus. Die Krallen umfassen die Beute ganz fest.	→ *mit den Fingern schnell auf die Schultern hüpfen – Muskeln kneten*
Jetzt rennen nur noch 99 Mäuse über die Wiese.	→ *mit allen Fingern zügig über den Rücken laufen*

Kinder lernen Tiere aus Feld und Wiese kennen

Tier-Massagen
Massagen zu zweit

Regenwürmer im Regen

4

Massierte Körperteile: Rücken, Kopf, Arme

Ausgangsposition: Kinder sitzen hintereinander und blicken in die gleiche Richtung; das vordere Kind wird massiert.

Text	Bewegungen
Die Regenwürmer kriechen durch die Erde. Erst nach links, dann nach rechts, nach oben und nach unten.	→ *mit beiden Zeigefingern kreuz und quer über den Rücken und den Kopf streichen*
Über der Erde weht ein leichter Wind. Er wird immer stärker, ein gewaltiger Sturm kommt auf.	→ *an die Schultern fassen, Körper erst sanft, dann stärker in alle Richtungen schaukeln*
Nun fängt es auch noch an zu regnen. Immer heftiger prasselt der Regen auf die Erde.	→ *erst sanft, dann stärker mit den Fingern auf Kopf, Rücken und Arme trommeln.*
Die Regenwürmer kommen aus der Erde heraus.	→ *mit beiden Zeigefingern vom Rücken zum Kopf fahren*
Nun prasselt der Regen auf die Würmer. Schnell verstecken sie sich unter Blättern.	→ *mit den Fingern auf Kopf, Rücken und Arme trommeln – Zeigefinger unter die Ohren*
Welch ein Glück, der Regen hört auf und die Sonne scheint. Sie erwärmt die ganze Erde.	→ *mehrmals Kreise auf Rücken malen – Hände am Rücken und an den Armen reiben*
Die Regenwürmer verziehen sich wieder unter die Erde. Sie kriechen nach links, nach rechts, nach oben und nach unten.	→ *mit beiden Zeigefingern kreuz und quer über den Rücken und den Kopf streichen*

Tier-Massagen

Massagen für Dreier- bis Fünfergruppen

Auf der Wiese tut sich was

1

Massierte Körperteile: gesamter Körper

Ausgangsposition: Ein Kind liegt auf dem Bauch oder Rücken, 2 oder 4 Kinder knien seitlich davon und sitzen sich gegenüber.

Text	Bewegungen
Wir befinden uns auf einer wunderschönen Blumenwiese. Ein leichter Wind weht über das Gras.	→ *über den gesamten Körper sanft streichen*
Störche sind auf der Wiese gelandet. Mit großen Schritten staksen sie umher. Sie schnappen sich einige Regenwürmer.	→ *Zeigefinger der rechten und linken Hand im Wechsel auf den Körper drücken – am Körper zupfen*
Bienen und Hummeln fliegen über die Wiese. Ssss… Sie landen auf Blüten und saugen den süßen Nektar.	→ *mit den Händen summend um den Kopf bzw. um die Beine schwirren – mit den Fingern auf den Kopf (Beine) drücken, dabei Schlürfgeräusche machen*
Einige Feldhasen drücken sich fest in ihre Erdmulden. Ein Fuchs kommt, schnell rennen sie weg.	→ *mit der Faust an unterschiedlichen Stellen drücken – mit den Fingern schnell über den Körper laufen*
Frösche und Kröten springen umher.	→ *mit den Händen über den Körper hüpfen*
Eine kleine, süße Spinne kommt durch das Gras gelaufen. Sie spinnt ein großes Netz.	→ *mit den Fingern über den Körper laufen – mit dem Zeigefinger spiralförmig Kreise zeichnen*

Tipp: Wer mag, kann sich noch weitere Tiere ausdenken (z.B. Ameisen, Käfer, Eidechsen, Schnecke). Das massierte Kind kann auch gefragt werden, welches Tier es sich noch wünscht.

Kinder lernen Tiere aus Feld und Wiese kennen

Tier-Massagen

Massagen für Dreier- bis Fünfergruppen

Der verletzte Storch

Massierte Körperteile: gesamter Körper

(2) Ausgangsposition: Lassen Sie die Kinder eine Dreiergruppe bilden. Die Kinder einigen sich, wer den Storch, den Rettungswagen und den Tierarzt spielt. Sie selbst spielen den Spaziergänger, der den Storch entdeckt und mit der Klinik telefoniert. Der verletzte Storch sitzt zusammengekauert am Boden. Der Tierarzt und das Kind als Rettungswagen sitzen auf einer Decke (= Storchenklinik), etwas entfernt.

Material: Decke, Verbände (2 Mullbinden oder 2 Schals)

Text	Bewegungen
Oh! Seht mal! Hier liegt ein Storch auf der Wiese. Er ist an eine Stromleitung geflogen und kann sich nicht mehr bewegen.	→ auf den „Storch" deuten, zu ihm gehen und ihn vorsichtig berühren
Wir müssen die Storchenklinik anrufen. Ein Glück, der Rettungswagen kommt. Tatü-tata, tatü-tata ... hier ist er schon.	→ Hand ans Ohr, Situation kurz schildern – „Rettungswagen" rennt zum „Storch" und bleibt stehen
Wir legen den Storch vorsichtig in den Wagen. Tatü-tata, tatü-tata ...	→ „Rettungswagen" nimmt „Storch" Huckepack und läuft zur „Klinik"
Hier ist die Klinik. Wir legen den Storch auf ein Bett. Der Tierarzt untersucht ihn. Ein Flügel und ein Bein sind gebrochen.	→ „Storch" auf die Decke legen – „Tierarzt" tastet den ganzen Körper ab (Kind als Rettungswagen kann helfen)
Der Storch bekommt einen Verband.	→ Verband um einen Arm und ein Bein wickeln
Nun wird er noch ausführlich massiert, dadurch bekommt er wieder viel Kraft.	→ den ganzen Körper streichen, kneten, klopfen, ...
Jetzt klappert er mit dem Schnabel. Er hat wohl Hunger. Hier, ein Regenwurm, eine Heuschrecke, ein Frosch.	→ „Storch" schlägt Hände aufeinander – „Storch" füttern (Hand oder einige Gegenstände an den Mund halten)
Nach 2 Wochen können wir den Verband abmachen. Hurra, der Storch ist wieder gesund!	→ Verbände abnehmen – „Storch" auf die Beine helfen – „Storch" breitet die Arme aus und „fliegt" eine Runde

Tipp: Ältere Kinder können ohne Textvorgabe dieses Rollenspiel selbstständig spielen. Dabei können sie ihre eigene Fantasie einbringen.

Tier-Massagen

Massagen für Dreier- bis Fünfergruppen

Die Stacheln des Igels

Massierte Körperteile: Rücken, Schultern, Beine

(3) **Ausgangsposition:** Ein Kind liegt auf dem Bauch, 2 andere Kinder knien links und rechts daneben. Jedes Kind führt die Massage auf der ihm zugewandten Seite aus.

Material: 2 „Igelbälle" (gibt es z.B. in Sanitätshäusern)

Text	Bewegungen
Wir sind zwei Igel und wandern langsam einen kleinen Hang hinauf. Uff, ist das anstrengend!	→ Igelball mit einer Hand umfassen: vom Po ausgehend schrittweise nach oben zu den Schultern mehrmals leicht drücken
Oben angekommen rollen wir uns zu einer Kugel zusammen und kullern umher.	→ eine Handfläche auf den Igelball legen, und den Ball auf den Schultern im Kreis herumführen
Hilfe, eine Eule fliegt über uns! Schnell den Hang hinunter rollen! Glück gehabt! Die Eule hat sich eine Maus geschnappt.	→ mit beiden Händen den Ball von den Schultern zum Po rollen
Jetzt haben wir Hunger bekommen. Wir gehen auf Futtersuche. Hier, eine Nacktschnecke und dort eine leckere Spinne. Köstlich!	→ mehrmals leicht mit dem Ball auf verschiedene Stellen des Rückens drücken (= laufen); hat der „Igel" Futter gefunden, mit dem Ball wackeln
Satt und zufrieden legen wir uns in die Hecke. Den ganzen Tag schlafen wir tief und fest.	→ den Igelball unter das Oberteil des massierten Kindes stecken, kurze Pause machen, Schnarchgeräusche
Am Abend wachen wir auf und krabbeln aus der Hecke heraus. Dann rollen wir den Berg hinunter. Hui, das macht Spaß!	→ Ball aus dem Oberteil herausnehmen – mit beiden Händen den Ball vom Po zu dem vor sich liegenden Fuß rollen
Nun laufen wir den ganzen Berg hoch. Endlich, geschafft. Wir kullern nach allen Seiten. Jetzt sind wir bereit: Wir rollen den ganzen Berg hinunter. Hui!	→ wie in Absatz 1, jedoch bei den Füßen beginnend – wie Absatz 2 – mit beiden Händen den Ball von den Schultern zum Fuß rollen

Tier-Massagen

Massagen für Dreier- bis Fünfergruppen

Du bist eine Blume

4

Massierte Körperteile: gesamter Körper

Ausgangsposition: In Dreier- oder Fünfergruppen durchführbar. Ein Kind steht mit unbedeckten Armen in der Mitte und spielt die Blume. 2 bzw. 4 Kinder stehen um sie herum.

Text	Bewegungen
Stell dir vor, du bist eine Blume. Dein Kopf ist die Blüte, deine Arme sind die Blätter; dein Oberkörper und die Beine sind der Stängel.	→ mit den Händen durch die Haare fahren, über die Arme, den Oberkörper und die Beine streichen
Schmetterlinge landen auf deinen Blättern. Spürst du ihre zarten Flügel?	→ Hände und Arme kitzeln
Jetzt landen sie auf der Blüte.	→ Finger sanft über Wangen streichen
Auf einmal krabbeln viele kleine Käfer über die Blume.	→ mit den Fingern über den gesamten Körper laufen
Kleine Schnecken fressen viele deiner Blätter.	→ an den Armen leicht zupfen
Ein Grashüpfer ist gerade auf dir gelandet. Er macht ganz große Sprünge.	→ über den ganzen Körper hüpfen
Ein leichter Wind kommt auf. Deine Blätter bewegen sich.	→ Arme fassen und sanft nach oben und unten führen
Aus den Wurzeln fließt das Wasser in deine Blätter und in deine Blüte.	→ von den Beinen zu beiden Armen und zum Kopf streichen

Kinder lernen Tiere aus Feld und Wiese kennen

Biografien

Zur Autorin

Heike Jung wurde 1966 in Fürth geboren, ist seit 1992 verheiratet und hat zwei schulpflichtige Kinder.

Nach dem Abitur und einem sechsmonatigen Auslandsaufenthalt in den USA und Costa Rica hat sie an der Fachhochschule Sozialwissenschaften, Wirtschaft und Recht studiert und im Anschluss für die Deutsche Telekom gearbeitet.
Durch die eigenen Kinder inspiriert, erwarb sie ihren Übungsleiterschein beim Bayerischen Landessportverband und besuchte verschiedene andere Fortbildungen im Bereich der Bewegungserziehung. Seit über 10 Jahren ist sie Dozentin an der Volkshochschule Fürth für „Eltern- und Kind-Turnen".

Zwei Jahre betreute Heike Jung eine Kinderwaldgruppe des Bundes Naturschutz in Fürth. Der Wald als kreatives Betätigungsfeld begeisterte Heike Jung so sehr, dass sie sich entschloss, weitere Kurse im Wald auch für jüngere Kinder anzubieten.

Seit 2003 leitet sie den VHS-Kurs „Die Waldmäuse: Kindgerechte Spiele und Aktivitäten im Wald für Kinder im Vorschulalter". Mehrmals jährlich organisiert sie Walderlebnisausflüge für Familien und Kindergärten.

2007 veröffentlichte sie ihr erstes Buch „Kinder lernen Waldtiere kennen" im Verlag an der Ruhr.

Zur Illustratorin

Astrid Wilkesmann zeichnet leidenschaftlich gerne seit ihrer Kindheit. Schon früh hatte sie vor, ihr Hobby eines Tages zum Beruf zu machen. Nach einem Umwelttechnik-Studium und der Geburt ihrer zwei Kinder verwirklichte sie schließlich ihren Wunsch. Seit mehreren Jahren illustriert sie nun Unterrichtsmaterialien und arbeitet als Kursleiterin an der Jugendkunstschule in Hameln.

Lösungen

Bilderquiz-Seiten

→ **Erdkröte** (S. 16/17):
1a | 2a | 3b | 4a

→ **Feldhase/Wildkaninchen** (S. 24/25):
1a | 2a | 3b | 4a

→ **Grashüpfer** (S. 32/33):
1b | 2a | 3a | 4a

→ **Greifvogel** (S. 40/41):
1a | 2b | 3a | 4b

→ **Hummel** (S. 48/49):
1a | 2b | 3b | 4a

→ **Igel** (S. 56/57):
1b | 2b | 3a | 4a

→ **Marienkäfer** (S. 64/65):
1b | 2a | 3a | 4b

→ **Maulwurf** (S. 72/73):
1a | 2b | 3a | 4a

→ **Regenwurm** (S. 80/81):
1a | 2a | 3b | 4b

→ **Schmetterling** (S. 88/89):
1b | 2a | 3a | 4b

→ **Schnecke** (S. 96/97):
1b | 2a | 3a | 4b

→ **Spinne** (S. 104/105):
1a | 2a | 3b | 4a

→ **Weißstorch** (S. 112/113):
1a | 2b | 3b | 4a

→ **Wiesel** (S. 120/121):
1b | 2a | 3a | 4a

→ **Zauneidechse** (S. 128/129):
1a | 2b | 3b | 4b

Textquiz-Seiten

→ **Erdkröte** (S. 18):
1a | 2a, b | 3b | 4c | 5a, c | 6b, c, | 7b

→ **Feldhase/Wildkaninchen** (S. 26):
1a | 2b | 3a | 4c | 5a | 6b | 7a, c

→ **Grashüpfer** (S. 34):
1b | 2a | 3b | 4c | 5a | 6c | 7a

→ **Greifvogel** (S. 42):
1b | 2a | 3b | 4b | 5c | 6b | 7c

→ **Hummel** (S. 50):
1a, b | 2c | 3a | 4b | 5b | 6c | 7a, c

→ **Igel** (S. 58):
1b | 2a, b | 3b | 4a | 5a | 6a, c | 7c

→ **Marienkäfer** (S. 66):
1b | 2a | 3b | 4a, b | 5a, c | 6c | 7c

→ **Maulwurf** (S. 74):
1b | 2b | 3a | 4b | 5c | 6a, b | 7a, c

→ **Regenwurm** (S. 82):
1c | 2a, c | 3c | 4a | 5b | 6a, b | 7b

→ **Schmetterling** (S. 90):
1b | 2a | 3b, c | 4b | 5a | 6a, c | 7b, c

→ **Schnecke** (S. 98):
1b | 2c | 3a, b | 4a | 5c | 6b | 7c

→ **Spinne** (S. 106):
1b | 2c | 3c | 4b | 5c | 6a | 7a

→ **Weißstorch** (S. 114):
1b | 2c | 3a, b | 4c | 5a | 6a | 7b

→ **Wiesel** (S. 122):
1a, b | 2b | 3c | 4b | 5a | 6c | 7b

→ **Zauneidechse** (S. 130):
1c | 2b | 3c | 4b | 5b | 6a | 7a

Literatur- und Internettipps

Literatur

→ *Geitmann, Björn:*
Waldwerkeln und Waldgeschichten.
Basteleien, Texte, Lieder und Spiele.
4–8 Jahre. Verlag an der Ruhr, 2007.
ISBN 978-3-8346-0320-3

→ *Jung, Heike:*
Kinder lernen Waldtiere kennen.
Ein Arbeitsbuch mit Steckbriefen, Sachgeschichten, Rätseln, Spielen und Bildkarten.
4–8 Jahre. Verlag an der Ruhr, 2007.
ISBN 978-38346-0244-2

→ *Lange, Monika:*
Bald wird es kalt!
Ab 4 Jahre. Sauerländer Verlag, 2007.
ISBN 978-3-7941-9133-8

→ **Meine erste Tier-Bibliothek.**
4–8 Jahre. Esslinger Verlag. Folgende, mit Fotos bebilderte Bände zu Feld- und Wiesentieren sind in dieser Reihe bisher erschienen:
- *Der Igel.* ISBN 978-3-480-21902-5
- *Das Kaninchen.* ISBN 978-3-480-22064-9
- *Der Marienkäfer.* ISBN 978-3-480-21961-2
- *Der Regenwurm.* ISBN 978-3-480-22408-1
- *Der Schmetterling.* ISBN 978-3-480-21702-1
- *Die Schnecke.* ISBN 978-3-480-21811-0
- *Die Spinne.* ISBN 978-3-480-22290-2

→ **Meyers kleine Kinderbibliothek.**
3–5 Jahre. Bibliographisches Institut.
In dieser Reihe finden Sie von unterschiedlichen Autoren Bücher zu:
- *Der Igel.* ISBN 978-3-411-07035-0
- *Das Kaninchen.* ISBN 978-3-411-09592-6
- *Der Marienkäfer.* ISBN 978-3-411-08432-6
- *Der Schmetterling.* ISBN 978-3-411-09512-4

→ **Patmos/Sauerländer – Kindersachbücher.**
4–8 Jahre. Gebundene, sehr schön illustrierte Bilderbücher zu Feld-, Wald-, und Wiesentieren. Hier eine kleine Auswahl:
- *Geheime Welt der Raupen.*
  ISBN 978-3-7941-9135-2
- *Wo Regenwurm und Igel wohnen.*
  ISBN 978-3-7941-9132-1
- *Käfer, Biene, Schmetterling.*
  ISBN 978-3-491-42036-6
- *Bei den Störchen.*
  ISBN 978-3-7941-9137-6

→ *Preuß, Carola; Ruge, Klaus:*
Kinder lernen Vögel kennen.
Ein Arbeitsbuch mit Steckbriefen, Zeichnungen, Bildkarten und Vogelstimmen-CD.
6–12 Jahre. Verlag an der Ruhr, 2006.
ISBN 978-3-8346-0086-8

→ **Expedition Natur**
Fächer mit Ring. Ab 6 Jahre.
Moses Verlag, 2007.
- *Eulen & Greifvögel.*
  ISBN 978-3-89777-350-9
- *Insekten & Spinnen.*
  ISBN 978-3-89777-184-0

Internet

www.wasistwas.de
Hier finden Sie zu vielen der im Buch vorkommenden Tiere Informationen und Artikel. Auch für ältere Kinder geeignet.

www.natur-lexikon.com
Steckbriefe, Informationen und hochauflösende Fotos zu sehr vielen Tiergruppen.

www.insektenbox.de
Wie der Name vermuten lässt, alles über Insekten, übersichtlich nach Ordnungen sortiert.

www.kinder-tierlexikon.de
Sehr umfangreiche Sammlung vieler Tierarten – von Kindern für Kinder.

Die in diesem Werk angegebenen Internetadressen haben wir geprüft (Stand November 2008). Da sich Internetadressen und deren Inhalte schnell verändern können, ist nicht auszuschließen, dass unter einer Adresse inzwischen ein ganz anderer Inhalt angeboten wird. Wir können daher für die angegebenen Internetseiten keine Verantwortung übernehmen.